Samuel Beckett

rowohlts monographien
begründet von Kurt Kusenberg
herausgegeben von Wolfgang Müller
und Uwe Naumann

Samuel Beckett

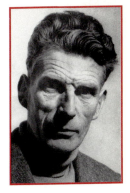

Dargestellt von Friedhelm Rathjen

Rowohlt Taschenbuch Verlag

Umschlagvorderseite: Samuel Beckett, 1980er Jahre
Umschlagrückseite: Samuel Beckett, um 1930
Horst Bollmann als Wladimir und Stefan Wigger als Estragon
in «Warten auf Godot». Probe im Berliner Schillertheater unter
der Regie von Deryk Mendel, 23. Februar 1965. Bühnenbild
und Kostüme: H. W. Lenneweit

Seite 3: Samuel Beckett, um 1957

Originalausgabe
Veröffentlicht im Rowohlt Taschenbuch Verlag,
Reinbek bei Hamburg, März 2006
Copyright © 2006 by Rowohlt Verlag GmbH,
Reinbek bei Hamburg
Dieser Band ersetzt die 1971 erschienene Ausgabe
von Klaus Birkenhauer
Umschlaggestaltung any.way, Wiebke Jakobs,
nach einem Entwurf von Ivar Bläsi
Redaktionsassistenz Katrin Finkemeier
Reihentypographie Daniel Sauthoff
Layout Gabriele Boekholt
Satz PE Proforma *und* Foundry Sans PostScript,
QuarkXPress 4.1
Gesamtherstellung Clausen & Bosse, Leck
Printed in Germany
ISBN 13: 978 3 499 50678 9
ISBN 10: 3 499 50678 5

INHALT

Flucht in die Welt
Karfreitagskind	7
Gelehrsamkeit	16
Joch der Freiheit	30

Ortswechsel
Analyse	45
Wanderschaft	55
Menschsein in Ruinen	64

Sprachwechsel
Schreibrausch	75
«Molloy», «Malone stirbt», «Der Namenlose»	83
«Godot» und die Folgen	91
Flaute	99

Welten im Kopf
Ausgeträumt	108
Belagerungszustand	119
Vielleicht	129
Anmerkungen	139
Zeittafel	144
Zeugnisse	145
Bibliographie	148
Namenregister	154
Über den Autor	157
Quellennachweis der Abbildungen	158

Eine Seite aus Samuel Becketts Roman «Watt»,
entstanden während des Krieges in Südfrankreich

Flucht in die Welt

Karfreitagskind

Samuel Becketts Werk ist in weitaus stärkerem Maß, als dies lange vermutet wurde, mit Details aus dem Leben des Autors unterfüttert, doch der Zusammenhang zwischen Leben und Werk ist kein unmittelbarer: Zwischen Leben und Werk tritt das Wirken der Erinnerung. Beckett hatte ein äußerst präzises Gedächtnis, das schmerzlich und produktiv zugleich sein konnte. Ein Besucher aus seinen letzten Jahren hat beschrieben, wie Beckett auf das mitgebrachte Foto einer Gestalt aus seiner Kindheit reagierte: «[…] sein Gesicht, anfangs von Freude erhellt, verzog sich schmerzverzerrt, und ich begriff, dass ich mich verabschieden musste, damit er allein sein konnte.»[1] Solche Erinnerungen bedeuteten für Beckett keine Flucht, sondern im Gegenteil eine schmerzliche Konfrontation mit sich selbst, der er sich aussetzte, um sein Werk voranzutreiben – die Erinnerungen aus seiner Jugend hat er gar als *Zwangsvorstellungen*[2] bezeichnet.

Beckett behauptete, sein Gedächtnis reiche in die Zeit vor seiner Geburt zurück: *Ich habe eine klare Erinnerung an meine Existenz als Fötus.* Diese pränatalen Erinnerungen waren nicht, wie man erwarten würde, mit Empfindungen der Geborgenheit verbunden, sondern ganz im Gegenteil mit Erstickungs- und Gefangenschaftsgefühlen: *Es war ein Dasein, wo keine Stimme, keinerlei Bewegung mich aus der Agonie und Dunkelheit, der ich ausgeliefert war, befreien konnte.*[3] Die Befreiung wäre demgemäß der Geburtsvorgang: als Flucht in die Welt.

Diese Geburt fällt auf ein symbolisches Datum: *Geboren wurde ich Karfreitag, den 13. April [1906], als die Nacht herabsank.*[4] Beckett hat späterhin diesem Datum und den christlichen Vorstellungen, die mit dem Karfreitag verbunden sind (die Kreuzigung Christi auf der Schädelstätte, Schuld und Sühne, das Opfer des Osterlamms), etliche Motivreihen abgerungen, die von zentraler Bedeutung für sein Werk sind, denn das Christentum ist Beckett eine *Mythologie, mit der ich vollkommen vertraut bin, darum benutze ich sie natürlich*[5]. Als Indiz für eine gläubige Haltung des Autors taugen solche Motive in seinem Werk keineswegs: *Ich habe keinerlei religiöses Empfinden. [...] Meine Mutter war zutiefst religiös, genauso mein Bruder. Er kniete neben seinem Bett nieder, solange er knien konnte. Mein Vater hatte keinen Glauben. Unsere Familie war protestantisch, aber für mich war das nur lästig, ich habe mich davon losgesagt.*[6]

> Du sahst das Licht der Welt und schriest am Abend des Tages, an dem Christus in der Dunkelheit um die neunte Stunde schrie und starb.
> Gesellschaft. In: Szenen Prosa Verse, S. 205

Als Protestanten sind die Becketts in Irland Angehörige einer Minderheit, die freilich zu Beginn des 20. Jahrhunderts die Geschicke der Insel, die noch Teil Großbritanniens ist, bestimmt. Die Vorfahren der Familie Beckett sind vermutlich Hugenotten, die Ende des 18. Jahrhunderts aus Frankreich kommen und sich zunächst im Textil-, später im Baugewerbe etablieren. William Frank («Bill») Beckett, der Vater des Schriftstellers, wird 1871 geboren, geht als Fünfzehnjähriger von der Schule ab und führt die Familientradition fort, indem er sich zum Baukalkulator hocharbeitet; später wird er Teilhaber der Dubliner Firma Beckett & Medcalf, die er nach dem Tod seines Kompagnons allein weiterführt. Bills vier Brüder machen in der Wirtschaft und als Ärzte Karriere, wohingegen seine Schwester Frances (allgemein «Cissie» genannt) sich zum schwarzen Schaf der Familie entwickelt: Sie geht 1904 zum Kunststudium nach Paris und heiratet zwei Jahre später William «Boss» Sinclair, den mittellosen Sohn eines jüdischen Antiquitätenhändlers.

Als Bill Beckett nach einer unglücklichen Liebe zu einer Katholikin, deren Familie die Verbindung vereitelt, mit diffusen Symptomen im Krankenhaus liegt, lernt er die gleichaltrige Krankenschwester Maria Jones («May») Roe kennen, die einer arrivierten Familie entstammt, nach dem Tod ihres Vaters Samuel Roe aber gezwungen ist, Arbeit im Pflegedienst anzunehmen. Bill Beckett und May Roe finden Gefallen aneinander und heiraten im August 1901. Als Wohnsitz der jungen Familie entsteht im Jahr darauf in dem Dörfchen Foxrock, fünfzehn Kilometer südlich von Dublin, auf einem großen Grundstück ein repräsentatives Haus, das

Cooldrinagh in Foxrock; Samuel Beckett wird im Zimmer mit dem Erkerfenster im ersten Stock geboren.

Der Vater:
William Beckett,
um 1922.
Die Mutter:
May Beckett,
um 1920

man «Cooldrinagh» nennt. Foxrock liegt am Fuß der Wicklow-Berge, aber auch unweit der See; von Cooldrinagh sind die Bahnstation Foxrock und die Pferderennbahn in wenigen Minuten zu Fuß zu erreichen.

Im Juli 1902, kurz nach dem Einzug, wird Frank Edward Beckett geboren; knapp vier Jahre später komplettiert Samuel Barclay Beckett («Sam») die für irische Verhältnisse sehr kleine Familie, die sich mehrere Dienstboten (darunter das Kindermädchen Bridget Bray, genannt «Bibby») hält. Im Gegensatz zum robusten Frank ist der kleine Samuel anfangs mager und kränklich und weint viel, wächst dann aber zu einem sportlichen Jungen heran. Der Vater, ein passionierter Sportler, pflegt ein kumpelhaftes Verhältnis zu seinen Söhnen, nimmt sie früh auf lange Wanderungen in die Berge mit und spielt mit ihnen Tennis und Kricket,

später auch Golf. Ein traumatisches Erlebnis für Samuel ist die brachiale Methode, mit der sein Vater ihm das Schwimmen beibringt, indem er ihn aus großer Höhe ins von Granitfelsen gesäumte Forty Foot Hole an der Küste von Sandycove springen lässt. Samuel braucht ein Weilchen, bis er Gefallen an Kopfsprüngen und dem Gefühl des Fliegens findet – und dann gewöhnt er sich an, auf dem elterlichen Grundstück in eine 20-Meter-Tanne zu klettern und sich aus dem Wipfel fallen zu lassen, im Vertrauen darauf, dass die Zweige den Sturz bremsen. Als seine Mutter Wind davon bekommt, reagiert sie mit drakonischen Strafen.

Im Gegensatz zu Bill Beckett, bei dem sich sein Sohn *an keine Form von Härte erinnern*[7] kann, neigt May Beckett zur Strenge: Ihr zum Jähzorn tendierendes Temperament sucht sie mit peniblen Sittlichkeits- und Benimmregeln, einem schroffen Glauben und karitativem Engagement zu zügeln. Sie leidet an Stimmungsschwankungen und Schlafstörungen (weswegen sie von ihrem Mann getrennt schläft) und verwendet ihre Energie mit Vorliebe auf die Pflege des Gartens; außerdem hält sie auf dem Grundstück Hühner, Hunde und einen Esel, den sie aus Mitleid einem das Tier prügelnden Kesselflicker abgekauft hat. In ihren Augen ist Samuel ein störrischer und eigensinniger Junge, dessen Erziehung ihr viel Mühe bereitet. Beckett gibt später an, dass *ich eine glückliche Kindheit verlebt habe; obwohl ich zum Glücklichsein nicht sehr begabt war. Meine Eltern haben all das getan, wodurch man ein Kind glücklich machen kann. Aber ich habe mich oft recht allein gefühlt.*[8]

Ab 1911 besucht Beckett in Foxrock die Kindergartenschule von Ida und Pauline Elsner, zwei deutschstämmigen Damen, die ihren Schützlingen sogar erste Französischkenntnisse vermitteln. Sobald er lesen kann, gewöhnt Beckett sich an, sich mit einem Buch in die Turmruine Barrington's Tower, an einer einsamen Landstraße zwei Kilometer von Cooldrinagh entfernt, zurückzuziehen und alles um sich herum zu vergessen; oft muss seine Mutter abends nach ihm suchen lassen. 1915 wechselt er an die Privatschule Earlsfort House in Dublin, direkt neben der Bahnstation Harcourt Street. Die Schule ist überkonfessionell ausgerichtet – damals wie heute eine Ausnahme in Irland – und wird von einem Engländer namens Alfred E. Le Peton geleitet, bei dem Beckett seine Französischstudien fortsetzen kann und Talent zum Aufsatzschreiben beweist. Die Schule verfolgt das Ziel, den Gedanken der Toleranz und der Gleichheit zu fördern. Das fällt bei Beckett auf fruchtbaren Boden, da seine wohltätige Mutter ihn bei aller Strenge ihrer Erziehung sehr empfänglich für Mitleid gemacht hat. Bei allen Beteuerungen, er habe *eine sehr gute Kindheit* gehabt, bekennt Beckett später doch auch: *Ich war mir freilich des Unglücks um mich herum stärker bewusst.*[9]

Zu Ostern 1916 kommt es in Dublin zu einem nationalistischen Aufstand gegen die englische Besatzungsmacht, der blutig niedergeschlagen wird. Die Familie Beckett betreffen die Vorfälle nicht direkt – als wohl situierte Protestanten, deren Umgang mit Katholiken sich weitgehend auf das Dienstpersonal beschränkt, hegen sie keine Sympathien für den irischen Nationalismus, doch sie gehören auch nicht zum Land besitzenden niederen Adel, der stark mit England verbunden ist und jede Art von Umwälzung fürchten muss. Politik ist im Beckett-Haushalt offenbar kein Thema. Allerdings steigt Bill Beckett mit seinen Söhnen auf einen der Berggipfel unweit von Foxrock und zeigt ihnen die brennende Dubliner Innenstadt. Während Bill und Frank den Ausblick eher belustigend finden, ist der zehnjährige Samuel entsetzt, das Schauspiel vergisst er nie wieder.

Während der Zeit an der Earlsfort House School entwickelt Beckett sich zur Sportskanone, besonderes Geschick beweist er im Boxen. Am Wochenende geht er mit seinem Vater wandern oder besucht die Badestrände von Sandycove, Killiney oder Kilcoole, wo Bill Beckett der Familie ein Sommerhaus mietet. Neben diversen Sportarten, die er verbissen betreibt, erlernt Beckett früh das Klavierspiel, das er nach dem Urteil seiner Lehrerin mit reiner Technik und ohne rechtes Gefühl beherrscht. Wenn Beckett allein sein will, was immer häufiger vorkommt, zieht er sich an einen seiner Zufluchtsorte zurück: in den Barrington's Tower, von dem aus er an klaren Tagen bis Wales sehen kann, oder auf den nahe gelegenen alten Friedhof von Tully. Seine Lektüre betreibt er auf genüssliche Weise wie sein Vater, der *absolut nichtintellektuell* ist: *Er hatte einen großen Bücherschrank, Dickens und Lexika, den er nie öffnete. Er las gewöhnlich Edgar Wallace.*[10]

Das Leben in Foxrock endet, als Beckett im Frühjahr 1920 auf eine Internatsschule kommt, die Portora Royal School bei Enniskillen in der Grafschaft Fermanagh, eine Eliteschule, die 1618 von König Jakob I. für «die Söhne protestantischer Gentlemen aus allen Teilen Irlands»[11] gegründet wurde. Anfangs hat Beckett starkes Heimweh, fängt sich dann aber rasch, zumal er sich der Hänseleien älterer Schüler mit seinen Boxkünsten recht gut erwehren kann. Es kommt ihm entgegen, dass die Portora Royal School ihrer langen Tradition entsprechend besonderes Gewicht auf sportliche Leistungen legt: Beckett brilliert im Boxen und im Schwimmen, wird Kapitän der Schulmannschaften sowohl im Kricket als auch im Rugby und beherrscht auch den inoffiziellen Sport, Lehrer auf die Palme zu bringen – manchmal auf so rück-  sichtslose Weise, dass seine Mitschüler ihn für grausam halten. Beckett neigt zur Schlampigkeit, zeigt aber in den Sprachen durchweg gute Leistungen; den Mathematikunterricht bewältigt er mit mäßigem Erfolg, in den Naturwissenschaften schneidet er miserabel ab.

Becketts bester Freund in der Portora-Zeit wird Geoffrey Thompson, später Arzt und Psychiater. Mit Thompson zusammen liest Beckett begeistert die Bücher des Sherlock-Holmes-Erfinders Arthur Conan Doyle und des kanadischen Humoristen Stephen Leacock, und ebenfalls zusammen mit Thompson verweigert Beckett sich dem Ansinnen, in das militärisch ausgerichtete Offiziersausbildungscorps der Schule

Beckett (3. v. r.) als Mitglied der Portora-Kricketmannschaft, 1923

einzutreten. In einer Rededebatte tritt Beckett für die Emanzipation der Frau ein, wird freilich von der Mehrheit überstimmt. An der Schule ist er offenbar recht beliebt, wie die Erinnerung eines Mitschülers andeutet: «Trotz seiner Zurückhaltung und gelegentlich schlechten Laune war er ein höchst anziehender Typ. Sein Blick, hinter der Brille, war durchdringend, und er saß oft still da und taxierte auf nachdenkliche und auch kritische Art, was um ihn herum vorging und das Material, das ihm da geboten wurde. Bei alldem hatte er einen ausgeprägten Sinn für alles Lachhafte und enorm viel Humor; von Zeit zu Zeit erhellte ein charmantes Lächeln sein Gesicht, und er wirkte wie ausgewechselt.»[12]

Als Beckett 1923 zum Portora-Haussprecher gewählt wird, geht seine Zeit an der Internatsschule bereits zu Ende. Seinem späteren Bekenntnis nach ist es seine letzte glückliche Zeit gewesen.[13] Im Sommer 1923 ist er zurück bei seinen Eltern in Foxrock, um in Dublin ein Studium zu beginnen.

Gelehrsamkeit

Als Beckett sich im Oktober 1923 am Trinity College als Student der Geisteswissenschaften immatrikuliert und dieses Studium rasch auf das der modernen Sprachen konzentriert, tritt er zum ersten Mal aus dem Schatten seiner Familie heraus. Auf die Earlsfort House School und nach Portora war er seinem Bruder gefolgt, doch während jener sich ohne nennenswerten Widerstand darauf einlässt, später einmal die Firma seines Vaters zu übernehmen, und deshalb ein Ingenieurstudium beginnt, nimmt der Zweitgeborene nun eine Entwicklung, die ihn den seiner Familie vertrauten Berufsfeldern und Lebensmustern entfremdet. Sprachen werden zu jener Zeit überwiegend von Frauen studiert, sodass Beckett in eine Sonderrolle gerät. Seine Männlichkeit spielt er allerdings weiterhin im Sport aus, indem er Golf, Rugby und Billard betreibt, mit dem Kricketteam der Uni auf Englandtour geht (allerdings im Gegensatz zu seinen Mitspielern ungern Kneipen und Bordelle besucht), an Schachturnieren teilnimmt und universitätsinterne Motorradrennen durch die Wicklow-Berge bestreitet.

Nicht gar so sehr tut er sich zunächst im Studium selbst hervor, gilt sogar als recht mäßiger Student, bis er in den Bann von Thomas Brown Rudmose-Brown gerät, der als Professor für romanische Sprachen französische Literatur unterrichtet und Beckett mit Verlaine und anderen Lyrikern des 19. Jahrhunderts, den Stücken Racines, aber auch mit Marcel Proust, André Gide und anderen zeitgenössischen

Autoren vertraut macht. Rudmose-Brown ist ein unorthodoxer und deshalb umstrittener Professor, der Beckett vor allem als Persönlichkeit beeindruckt; er pflegt auch privat Umgang mit seinen Studenten, hat Affären mit Studentinnen und gibt als *Lustmolch* und *freier Geist* gerne Partys, auf denen es Beckett zufolge *sehr sexy*[14] zugeht. Beckett beschränkt sich bei diesen Gelegenheiten auf die Rolle des stillen Beobachters, verliebt sich freilich doch in die Studentin Ethna MacCarthy, *eine wundervolle Person*[15], die schon ein Studienjahr weiter als er und auch sonst lebenserfahrener ist: Sie ist intelligent und selbstbewusst, gibt sich gern provokant und wird stets von etlichen Männern umschwärmt. Beckett kommt über einen freundschaftlichen Umgang mit ihr nie hinaus.

Ethna MacCarthy, porträtiert von Sean O'Sullivan

Während der ersten Studienjahre bleibt sein wichtigster Freund Geoffrey Thompson, mit dem er häufig ins Abbey Theatre geht und sich für die Stücke von Sean O'Casey und vor allem John Millington Synge begeistert. Bei Kinobesuchen entwickelt er eine Vorliebe für Buster Keaton und Charlie Chaplin, außerdem geht er häufig in die Nationalgalerie und prägt sich manche Gemälde so genau ein, dass er die Details noch Jahrzehnte später vor Augen hat. Eine weitere Leidenschaft ist die Dante-Lektüre: Beckett lernt Dante nicht bei Rudmose-Brown im Unterricht kennen (der Professor beschränkt sich auf die französische Literatur), sondern im Rahmen von regelmäßigen Italienischstunden, die er privat bei einer geistreichen Italienerin namens Bianca Esposito nimmt.

Bis zum Sommer 1926 wohnt Beckett in Foxrock und fährt mit dem Zug oder dem Motorrad in die Stadt, später auch mit einem Sportwagen, den sein Vater ihm zur Verfügung stellt. Beckett lebt wie in zwei Welten: Zwar bringt er gelegentlich Studienfreunde mit nach Foxrock, doch da seine Mutter auf äußerst akkurate Umgangsformen Wert legt, können solche Besuche nie ungezwungen oder gar spontan sein. Am Ende des dritten Jahres erringt Beckett ein Forschungsstipendium und bezieht eine Stipendiatenwohnung auf dem Gelände des Trinity College. Um diese Zeit verändert sich sein Verhalten auffällig: Er igelt sich ein, wird zunehmend als arrogant empfunden und diskutiert, wenn er seine Schweigsamkeit durchbricht, mit Vorliebe über Selbstmord. Zudem wird er nachts von Panikattacken und Herzrhythmusstörungen geplagt, *das alte verbrennungsmotorische Herz* beginnt unvermittelt zu *rasen*[16], und er wacht schweißgebadet auf.

Die Ursachen dieser Entwicklung sind vielfältig. Da Beckett Alkohol und Tabak streng ablehnt, ist er bei abend-

Samuel Beckett als Student

lichen Studentengelagen nur Voyeur; dass seine Mutter ihn regelmäßig in seiner Studentenbude aufsucht und verproviantiert, weil sie Angst hat, er esse zu wenig, ist der Abnabelung vom Elternhaus sicher nicht zuträglich. Erst mit seinem Umzug nach Dublin lernt Beckett, der sich zum

Nachtschwärmer entwickelt und sich angewöhnt, nicht vor Mittag aufzustehen, das Leben in der Metropole kennen und wird mit dem Elend konfrontiert, das ein Großteil der Bevölkerung zu erdulden hat. Die Entdeckung einer ungeschützten Welt, die Beckett bisher nicht kannte, führt zu seiner endgültigen Abkehr vom Glauben, den er mit dieser Realität nicht in Einklang bringen kann. Diese Lossagung vom Christentum geht freilich nicht ohne Schuldgefühle vonstatten; der Protestantismus sei etwas, *dem man nicht entkommen kann*[17], bekennt Beckett sehr viel später.

Nachdem er im August 1926 schon auf einer mehrwöchigen Fahrradtour entlang der Loire Frankreich lieben gelernt hat, bricht Beckett im Sommer 1927 zu einer Florenz-Reise auf: *Mein Vater erlaubte mir das, damit ich vor dem Schlußexamen mein Italienisch aufbesserte.*[18] Die Reise ist doppelt erfolgreich: Beckett ist weniger depressiv als zuvor, und er bereitet sich mit neuem Elan auf sein Bachelor-Examen vor, indem er sich in die Lektüre von Dante, Machiavelli, D'Annunzio, Racine, Balzac, Stendhal, Gide und Proust stürzt. Ende September 1927 besteht er das Examen mit Bestnote und erweist sich der Vorzugsbehandlung durch Rudmose-Brown als würdig.

Schon im Frühjahr zuvor hat der Professor überlegt, wie er Becketts Karriere weiter fördern könne. Zwischen dem Trinity College und der École Normale Supérieure in Paris gibt es ein Austauschprogramm; der junge Franzose Alfred Péron ist als Austauschlektor in Dublin (und freundet sich mit Beckett an), und Rudmose-Brown möchte Beckett gleich im Anschluss an sein Examen im Gegenzug nach Paris schicken. Infolge eines Missverständnisses hat allerdings die École Normale dem vorherigen Lektor die Stelle verlängert, sodass Beckett sie erst zum Herbst 1928 antreten kann. Zur Überbrückung der Zeit arrangiert Rudmose-Brown für

Beckett einen zwei Trimester langen Lehrauftrag am Campbell College in Belfast, einer rein protestantischen Internatsschule.

Beckett tritt die Stelle Anfang 1928 an und findet gar keinen Gefallen daran. Belfast ist für ihn *ohne Reiz*[19], ein *schrecklicher Ort* und *voller Frömmelei*[20], der nicht nur unter einer heftigen Wirtschaftskrise zu leiden hat, sondern auch unter hasserfüllter konfessioneller Polarisierung im Gefolge der Teilung Irlands in Becketts letztem Portora-Jahr: Das katholische Südirland ist 1922 zum Freistaat, Nordirland mit der Hauptstadt Belfast zum britischen Bollwerk geworden. Die Schüler öden Beckett an, er weigert sich, weisungsgemäß die Prügelstrafe anzuwenden, erweist sich zudem als ungeeignet für den Lehrerberuf. Als er zum Sommer Belfast verlässt, ist er ebenso froh wie die Schulleitung.

In Dublin trifft er ein siebzehnjähriges Mädchen, in das er sich sofort verliebt: Peggy (eigentlich Ruth Margaret) Sinclair, die Tochter seiner Tante Cissie. Die Sinclairs sind einige Jahre zuvor nach Deutschland ausgewandert, um im Kunsthandel Karriere zu machen (was allerdings nicht gelingt), und der Besuch in der Heimat ist für Peggy ebenso wie für ihren Cousin Samuel ein Glücksfall. Die beiden machen Ausflüge in die Berge und an die See, und nachdem Peggy nach Kassel zurückgekehrt ist, entspinnt sich ein eifriger und heißblütiger Briefwechsel. Beckett fängt an, Deutsch zu lernen, doch seine Eltern sind von alldem gar nicht erbaut.

Ende Oktober 1928 soll Beckett seine Stelle in Paris antreten. Er bricht allerdings schon Anfang des Monats auf und reist schnurstracks nach Laxenburg in Niederösterreich, wo Peggy Sinclair sich an einer Privatschule für Tanz und Musik eingeschrieben hat. Das Idyll der Sommerliebe lässt sich freilich nicht wiederholen, die beiden haben ernsthafte Beziehungsprobleme.

Als Beckett am 31. Oktober in Paris eintrifft, ist sein Zimmer noch vom vorherigen Austauschlektor belegt, dem fünfunddreißigjährigen Thomas McGreevy (später: MacGreevy), mit dem sich Beckett trotz der unangenehmen Begleitumstände ihres Kennenlernens anfreundet. McGreevy ist nicht nur deutlich älter, sondern auch ein ganz anderer Typ als Beckett, viel kommunikativer, zudem gläubiger Katholik mit irisch-nationalistischen Neigungen und auf diskrete Weise homosexuell. Für Beckett aber ist er vor allem *ein lebendes Lexikon*[21], zudem ein loyaler Freund und bald der einzige Vertraute überhaupt. Auch Péron ist wieder in Paris, und ein weiterer wichtiger Freund für Beckett wird sein einziger Englischschüler, Georges Pelorson, mit dem er die «Seminare» nachmittags nach dem Aufstehen meist im Café abhält. Pelorson kennt viele surrealistische Schriftsteller und macht Beckett mit ihnen bekannt.

Paris ist Ende der 1920er Jahre das künstlerische Zentrum der Welt und deshalb *für den Aufenthalt eines jungen Mannes ein famoser Ort*[22]. Beckett gewöhnt sich seine Abstinenz schnell ab und beginnt zu trinken, wobei der Alkohol nicht zuletzt die Funktion hat, seine Scheu im Umgang mit Menschen, die er nicht gut kennt, zu überspielen. Er vernachlässigt seine Studien, seine sportliche Betätigung beschränkt sich auf gelegentliches Tennisspiel im Sommer (wobei er die flüchtige Bekanntschaft der Pianistin und Musikstudentin Suzanne Deschevaux-Dumesnil macht), und musikalisch tut er sich auf eine Weise hervor, die den Internatsstudenten oft genug den Nachtschlaf raubt: *Ich spielte damals auf einer Blechpfeife, einer rostigen alten Blechpfeife, und darauf pflegte ich zu zwitschern.*[23] Ein Kollege der École Normale beschreibt ihn als «hoch aufgeschossen, schüchtern, reserviert, mit einem klaren, offenen Blick, knochigen, eckigen Gesichtszügen, gespannter und störrischer Miene, eigensinniger Stirn und einem Anflug unterdrückter Gewalttätigkeit»²⁴.

McGreevy, der alle wichtigen Leute des Literaturbetriebs kennt, macht Beckett mit diversen Herausgebern und Schriftstellern bekannt, vor allem aber – wohl schon im November 1928 – mit James Joyce. Beckett ist voller Bewunderung für Joyce, dessen Prosabände «Dubliner» und «Ein Porträt des Künstlers als junger Mann» er gelesen hat (den «Ulysses» kennt er bisher nur vom Hörensagen)²⁵, und entsprechend nervös tritt er dem literarischen Großmeister gegenüber: *Er war sofort sehr freundlich. Ich weiß noch, wie erschöpft ich war, als ich in die Ecole Normale zurückkam, und wie üblich war die Tür verschlossen; also kletterte ich über den Zaun. […] Und von da an sahen wir einander oft.*²⁶

Joyce arbeitet zu dieser Zeit unter schwierigen Umständen an einem sprachexperimentellen Roman, der unter dem vorläufigen Titel «Work in Progress» («Im Entstehen befindliches Werk») in der von Eugène Jolas herausgegebenen englischsprachigen Zeitschrift «transition» vorabgedruckt wird und erst 1939 als «Finnegans Wake» erscheint. Er ist von Erblindung bedroht, und sein Schreibprojekt findet bei alten Weggefährten kaum Anklang, deswegen schart er einen Kreis neuer Bewunderer um sich, die bereit sind, Helferdienste für ihn zu verrichten. Seine Frau Nora meint einmal zu McGreevy: «Wenn Gott persönlich vom Himmel runterkäme, würde dieser Kerl ihm noch Arbeit aufhalsen.»²⁷ Der junge Beckett kommt ihm da wie

> In den Jahren 1929/30 sind Sylvia [Beach] und ich Beckett oft begegnet. […] Joyce schätzte ihn sehr und war mit ihm befreundet. Wir waren beeindruckt von der Ähnlichkeit mit dem jungen Joyce, von dem Sylvia Fotos besaß; er erschien uns als neuer Stephen Dedalus – der Stephen der «Proteus»-Episode, der allein am Meeresufer entlanggeht. Er war nicht sehr gesprächig und nahm allen Annäherungsversuchen den Wind aus den Segeln.
>
> Die Buchhändlerin und Verlegerin Adrienne Monnier in «Les Lettres Nouvelles», März 1953

gerufen, zumal Joyce in ihm bald den begabtesten seiner Helfer ausmacht. Wie viele andere liest Beckett Bücher im Auftrag von Joyce und schreibt Formulierungen heraus, die für die Arbeit an «Work in Progress» brauchbar sein könnten (es entspricht der Methode von Joyce, Zitate ohne Rücksicht auf ihren Kontext zu notieren und zu verarbeiten, und diese Methode färbt auf Beckett ab). Dass Beckett, wie oft behauptet wird, auf Diktat von Joyce Texte niedergeschrieben hätte, scheint jedoch nicht zu stimmen; in den umfangreichen erhaltenen Arbeitskladden von Joyce ist Becketts Handschrift nicht zu finden.[28]

Ich bewunderte ihn sehr[29], bekennt Beckett, und diese Bewunderung geht so weit, dass er Joyce äußerlich nachäfft: Er kleidet sich wie Joyce, trägt zu enge Schuhe, gewöhnt sich das Weißweintrinken und eine bestimmte Haltung beim Zigarettenrauchen an. Fast täglich trifft er sich mit Joyce, wobei viel geschwiegen wird: *Keine große Konversation fand zwischen uns statt. Ich war ein junger Mann, ihm sehr ergeben, und er mochte mich... Ich war sehr geschmeichelt, als er den «Mister» wegließ. Alle waren für ihn «Mister». [...] Ich war nie Sam für ihn. Ich war immer höchstens «Beckett».*[30]

Nach wenigen Wochen beauftragt Joyce Beckett, einen Essay über die Rolle zu schreiben, die Dante, Giordano Bruno und der Geschichtsphilosoph Giambattista Vico in «Work in Progress» spielen. In ihrer Dante-Wertschätzung sind Joyce und Beckett sich einig, doch Bruno und Vico sind für Beckett *alles neue Gestalten*, weswegen er sich erst einarbeiten muss. *Ich brachte viel Zeit zu mit Bruno- und Vicolektüre in der großartigen Bibliothèque der Ecole Normale. [...] Er [Joyce] mochte den Essay. Aber er bemerkte nur, daß nicht genug über Bruno drinsteht; er fand, daß Bruno ziemlich vernachlässigt sei.*[31] Immerhin bringt Beckett kurz und knapp den Leitgedanken Brunos zur Anschauung, nämlich die (ursprünglich von Nikolaus Cusanus entwickelte) Vorstellung der Koinzidenz von Gegensätzen[32]: *Maximale Geschwindigkeit ist ein Zustand der Ruhe. Das Maximum an Verfall und das Minimum an Zeugung sind identisch: im Grunde ist Verfall Zeugung.*[33]

Becketts Essay *Dante ... Bruno . Vico .. Joyce* (die Punkte im oft fehlzitierten Titel sollen die in Jahrhunderten gerechneten historischen Abstände bezeichnen) ist betont nassforsch gehalten, er strotzt geradezu vor Gelehrsamkeit, und seinen Lesern gibt Beckett zu verstehen, *wenn Sie es nicht verstehen, meine Damen und Herren, dann deshalb, weil Sie zu dekadent sind, um es aufzunehmen*[34]. Die brillante Analyse der ästhetischen Prinzipien von «Work in Progress» gipfelt jedoch in der sehr anschaulichen Formulierung, Joyce schreibe nicht über etwas, sondern *sein Schreiben ist dieses etwas selbst*[35], die bis heute die konziseste Beschreibung dessen ist, was Joyce in «Finnegans Wake» macht.

Dante ... Bruno . Vico .. Joyce erscheint im Juni 1929 in «transition», ebenso wie ein weiterer Beitrag Becketts, die Erzählung *Assumption*. Dies ist die erste literarische Veröffentlichung Becketts, der freilich seine berufliche Zukunft weiterhin im akademischen Bereich sieht: *Als ich Joyce kennenlernte, hatte ich nicht vor, Schriftsteller zu werden. Das kam erst später, als ich herausbekam, daß ich überhaupt nicht zum Lehrer taugte.*[36] Die Erzählung *Assumption* dreht sich um einen Mann, der den unerträglichen Lärm um ihn herum gleichsam niederschweigt und die lauten Menschen seiner Umgebung flüsternd übertönt – ein Paradoxon, das durchaus als Umsetzung von Brunos «coincidentia oppositorum» gelesen werden kann, ebenso wie schon die knappe Formulierung, mit der der Text beginnt: *Er hätte schreien können und konnte es nicht.*[37]

Nach Fertigstellung des Joyce-Essays überlegt Beckett, vielleicht an der École über Proust und Joyce zu promovieren, doch das Thema wird als zu modern abgelehnt, deswegen lässt er den Plan fallen und pflegt mehr seine literarischen als die akademischen Kontakte. Im Jahr 1929 fährt er zudem mehrmals nach Kassel und verbringt mit Peggy Sinclair und ihrer Familie ausgelassene Ferien, freilich gelingt es ihm nicht, Peggy für Literatur zu begeistern: Sie beharrt darauf, dass Unbelesenheit kein Verbrechen sei. Nach Paris schickt sie ihm Hunderte von Liebesbriefen in einem Gemisch aus Deutsch und Englisch.

Als Beckett zu Weihnachten 1929 wieder in Kassel ist, geht die Liebe in die Brüche, wenngleich Beckett die Freundschaft aufrechtzuerhalten sucht. Er verweigert sich offenbar der Vermengung von emotionaler und sexueller Bindung; zwar lernt er in Paris, Sexualität als körperliches Bedürfnis zu akzeptieren, und verkehrt vermutlich mit Prostituierten, doch hat er, bedingt durch seine Erziehung, mit Schuld- und Selbsthasskomplexen zu kämpfen.

Unterdes hat sich Becketts Umgang mit Joyce rasch auf dessen Familie erweitert, er pflegt Freundschaften mit den Joyce-Kindern Giorgio und Lucia und komplettiert die Joyce-Familie häufig bei festlichen Anlässen. Ein Desaster bahnt sich an, als die Joyce-Tochter sich schließlich in Beckett verliebt. Die zweiundzwanzigjährige Lucia zeigt Anzeichen von Bulimie, wird von ihren Eltern wie eine Minderjährige behandelt, muss auf Drängen der Mutter ihre Tanzkarriere abbrechen und beneidet ihren Bruder, der sich mit einer reichen Amerikanerin verheiratet. Die Freundschaft Becketts, der mit ihr essen und ins Theater oder Kino geht und den sie zum Tee besucht, missversteht sie offenbar und bedrängt ihn. Beckett reagiert zunächst lethargisch, nutzt dann im Mai 1930 die Abwesenheit ihrer Eltern, um Lucia zu erklären, dass er sich hauptsächlich ihrem Vater verbunden fühle und kein erotisches Interesse an ihr habe. Lucia ruft ihre

James Joyce mit seiner Frau Nora (rechts) und der Tochter Lucia (2. v. l.) 1932 in Feldkirch

Eltern aus Zürich herbei und erklärt ihrer Mutter, Beckett habe sie erst verführen wollen und dann verschmäht, woraufhin Beckett bis auf weiteres von Joyce verstoßen wird.

Den erzwungenen Freiraum nutzt er, um sich in Arbeit zu stürzen: Für eine Zeitschrift übersetzt er Beiträge aus dem Italienischen, und er arbeitet mit seinem Freund Péron an einer von Joyce angeregten Teilübersetzung des Kapitels «Anna Livia Plurabelle» aus dem «Work in Progress». Am 15. Juni erzählt ihm McGreevy von einem Lyrikwettbewerb, der von Nancy Cunard, der Verlegerin der Hours Press, veranstaltet wird: Dem besten Gedicht von bis zu hundert Zeilen zum Thema Zeit winken ein Geldpreis und die Veröffentlichung. Beckett setzt sich sofort hin und komponiert aus den Notizen einer Biographie des Philosophen René Descartes, die er gerade liest, ein 98-zeiliges reimloses, metrisch freies Gedicht: *Ich [...] schrieb die erste Hälfte vor dem Abendessen, spachtelte im Cochon de Lait Salat und Chambertin, ging in die*

Ecole zurück und war um drei Uhr morgens damit fertig.[38] Noch vor Sonnenaufgang wirft er das Gedicht bei Cunard in den Briefkasten, die (ebenso wie ihr Mitjuror Richard Aldington) von dem zwar weitgehend unverständlichen, aber von Wortwitz sprühenden Text ganz begeistert ist, sodass Beckett den Preis erhält. Das Gedicht *Whoroscope* (*Huroskop*) erscheint noch im selben Jahr als Becketts erste Buchveröffentlichung. Nancy Cunard, die auch von Beckett als Person eingenommen ist («Er ist ein Mann aus Stein, meint man, bis er etwas sagt, und dann ist nur noch Wärme da, sofern seine Gesellschaft ihm wohlgesonnen ist»[39]), versorgt ihn zudem in der Folgezeit mit kleineren Aufträgen: Für ihren Geliebten, den Jazzpianisten Henry Crowder, schreibt Beckett den Songtext *From the Only Poet to a Shining Whore*, und als Übersetzer wirkt er an einer «Negro Anthology» mit.

Aldington wiederum ist mit Charles Prentice, dem Lektor des Londoner Verlags Chatto and Windus, befreundet

Nancy Cunard, aufgenommen von Cecil Beaton, 1927

und schlägt ihm auf Anregung McGreevys vor, bei Beckett ein Buch über Proust in Auftrag zu geben. Prentice mag zwar keine Publikation versprechen, zeigt sich aber interessiert, und so bleibt Beckett im Sommer 1930 in Paris, bringt mit Péron die «Anna-Livia»-Übersetzung voran und schreibt *Proust*, obwohl ihm etwas davor graut, sich mit «Auf der Suche nach der verlorenen Zeit», Prousts *sechzehnbändige[m] Stuhlgang*[40], befassen zu müssen – die Qualität des Riesenromans, den er zweimal komplett liest, scheint ihm doch schwankend. Zum Ausgleich der Mühen stürzt er sich gleichzeitig in eine ganz andere Lektüre: *Ich lese jetzt Schopenhauer. Alle lachen darüber. […] Aber ich studiere ja nicht Philosophie, noch kümmere ich mich darum, ob er recht oder unrecht hat, ein guter oder wertloser Metaphysiker ist. Eine intellektuelle Rechtfertigung des Unglücklichseins – die großartigste, die je versucht wurde – ist es wert, geprüft zu werden von einem, der sich für Leopardi und Proust […] interessiert.*[41]

Beckett wird späterhin sagen, er habe die Proust-Studie *in billigem, gefallsüchtigem Philosophenjargon geschrieben*[42], doch als Einführung in das Werk des Franzosen hat das Buch durchaus seinen Wert, wenn man sich vom bisweilen übertriebenen Bemühen um stilistische Überzeichnung nicht schrecken lässt. Recht luzide arbeitet Beckett Prousts Vorstellung heraus, Gewohnheit und jede erzwungene Erinnerung führten zu Abstumpfung, während nur eine Erinnerung, die nicht erzwungen wird, das Erinnerte wiederherstellen könne: *Unwillentliche Erinnerung ist explosiv, «ein unmittelbares, alles umfassendes und köstliches Aufflammen». Sie stellt nicht nur das vergangene Objekt wieder her […], sondern mehr […], weil sie in ihrer Flamme die Gewohnheit und all ihre Werke verzehrt und in ihrer Helligkeit das offenbart hat, was die karikaturhafte Realität der Erfahrung niemals offenbaren kann und wird: das Reale.*[43] Bei Schopenhauer (*einer der wenigen, die* *wirklich zählen*⁴⁴) lernt Beckett freilich, dass es gerade das menschliche Streben nach Bedürfnisbefriedigung sei, das zu Überdruss und Langeweile führe. Unter dem Einfluss Schopenhauers wird Beckett das Proust-Konzept später auf den Kopf stellen. Schon in der Studie *Proust* zeigt er entsprechende Ansätze, etwa wenn er *die Weisheit aller Weisen von Brahma bis Leopardi* preist, *die nicht in der Befriedigung, sondern im Abtöten des Verlangens besteht*⁴⁵.

Die Aussicht, im Herbst 1930 nach Dublin zurückkehren und seiner Absprache mit Rudmose-Brown gemäß am Trinity College lehren zu müssen, gefällt Beckett gar nicht, denn damit tut sich ihm eine Falle auf: *Das Eingehn auf diese Sache macht Flucht und Ausbruch immer schwieriger, denn wenn ich Dublin nach einem Jahr hinschmeiße, schmeiße ich nicht bloß Dublin hin – endgültig –, sondern auch meine Familie, der ich damit einen Schmerz zufüge.*⁴⁶ Schuldgefühle sind vorprogrammiert. Dennoch bricht Beckett Ende September 1930 aus Paris auf. In London liefert er *Proust* ab (das Manuskript gefällt und erscheint im Folgejahr als Buch, doch Becketts Hoffnung, auch noch einen solchen Band über Gide schreiben zu dürfen, erfüllt sich nicht); dann ist er wieder in Dublin und erschreckt seine Mutter mit einem Hautausschlag, der ihn wie *ein skrofulöser Wasserspeier*⁴⁷ aussehen lässt. Dass er zudem unter Problemen beim Wasserlassen leidet⁴⁸, verheimlicht er seinen Eltern wohlweislich.

Joch der Freiheit

Gleich nach seiner Ankunft meldet Beckett dem Freund McGreevy: *Heute sitze ich am Kamin und lausche dem Regen und den Bäumen und fühle mich glorios stupide.*⁴⁹ Wenige Tage später drückt er sich schon drastischer aus, bejammert *die Gutmütigkeit hier zu Hause, die mit Hochdruck in mich hineingepumpt wird,* und fasst zusammen: *Dieses Leben ist schrecklich,* *und ich verstehe nicht, wie man es aushalten kann.*⁵⁰ Mit den Lebens- und Wertvorstellungen seiner Eltern kann er nichts mehr anfangen, Dublin ist ihm zu eng, das intellektuelle Niveau am Trinity College kann er nicht ernst nehmen. Widerwillig tritt Beckett seinen Posten als Assistent von Rudmose-Brown an.

Dass er nach wenigen Wochen in der Vorlesung *Le Concentrisme* eine angebliche neue Dichterschule um den fiktiven Lyriker Jean du Chas, in dem er auch sich selbst persifliert, vorstellt, wird ihm noch nachgesehen (*alle waren sich darüber klar, daß es sich um einen Ulk handelt*⁵¹), doch zum Eklat kommt es, als Beckett im Februar 1931 in einer von Pelorson geschriebenen Parodie auf Corneilles «Le Cid» unter dem Titel «Le Kid» mitwirkt, über die Rudmose-Brown äußerst erbost ist. In seiner Dozentenrolle fühlt er sich unwohl, nicht zuletzt seiner Schüchternheit angesichts der überwiegend weiblichen Studentenschaft wegen: *Es hat mir keinen Spaß gemacht mit all diesen Frauen und ihren Schwärmereien. Sie waren ein großes Problem, und ich war ständig versucht, sie alle aufzufordern zu gehen, den Raum zu verlassen.*⁵² Halb abgewandt steht Beckett im Seminar und verwirrt die Studentinnen, indem er mitten im Satz innehält und manchmal erst nach minutenlangem Schweigen fortfährt. Als unverständlich werden die Lehrsätze empfunden, die er von sich gibt: *Beziehung zwischen Künstler und Material ist wichtig. Nicht nur das Material.* Oder: *Englische Sätze können sich dadurch rechtfertigen, dass sie gut aussehen, französische nicht.*⁵³ Solche Formulierungen klingen eher nach dem Schriftsteller, der Beckett erst noch werden muss, als nach jemandem, der an der Universität Karriere machen möchte. In der Tat verrät Beckett McGreevy: *Ich will kein Professor werden (fast freut mich, zu sehen, wie dieser Job mir mißrät).*⁵⁴ Er müht sich, Essays zu schreiben, doch es gelingt ihm nicht (*Der einfachste Satz* *bereitet mir Qualen*), und er hat Angst, dass er entweder *völlig sprachlos* werden könnte oder aber *ein verbindlicher Schwätzer*.[55]

Private Probleme kommen hinzu. Als er im Januar 1931 von der obligatorischen Kassel-Reise zurückkehrt, vertraut er Pelorson an: *Es ist alles vorbei. Sie war zu fordernd.*[56] Lucia Joyce, mit der er korrespondiert, gibt ihm den Rat, er solle doch die Welt akzeptieren, wie sie sei, und auf Partys gehen, doch gerade danach ist Beckett gar nicht zumute. Zu den Dubliner Literaten, die sich als Saufkumpane anbieten, hat er keinen Draht: *Sie missfallen mir allesamt ohne Ausnahme*[57], lieber als mit ihnen trinke er allein, um *das Herz stillzusaufen*[58]. Angesichts der Alternative, sich seinen frustrierenden Lebensumständen zu stellen oder zu fliehen, wählt er einen charakteristischen Kompromiss: Er verfällt in Lethargie, tut gar nichts und lebt richtungslos vor sich hin.

Der einzige Lichtblick dieser Zeit ist die Bekanntschaft mit dem Maler Jack B. Yeats, für den ihm McGreevy ein Empfehlungsschreiben schickt. Yeats, immerhin 35 Jahre älter als Beckett, wird zu einer Art Wunschvater, wie es zuvor in Paris schon Joyce war: *Und wir gingen gewöhnlich spazieren. Durch den Park. Wir sprachen nicht sehr viel. [...] Seine Gemälde waren wunderbar. Er sagte oft, er sei Einflüssen völlig unzugänglich. Ich glaube, er hielt sich für den einzigen Maler.*[59] Yeats fördert Becketts Liebe zur Malerei, doch noch einschneidender ist womöglich die Wirkung seiner Persönlichkeit; Beckett bewundert die Haltung von Yeats, ohne Rücksicht auf Publikum, Kollegen und öffentliche Meinung seine Arbeit zu verfolgen.

Im März 1931 ist Beckett zu einer Joyce-Soiree in Paris, bei der die französische Übersetzung von «Anna Livia Plurabelle» vorgestellt wird. Die von Beckett und Péron erstellte Fassung war im Spätsommer zuvor bei Joyce abgeliefert und

Samuel Beckett, porträtiert von Sean O'Sullivan, um 1931

auch schon für einen Zeitschriftenabdruck gesetzt worden, doch dann gab es Einwände (vor allem wohl, weil Beckett und Péron nicht renommiert genug waren), und die Übersetzung wurde von einem sechsköpfigen Komitee unter Leitung von Joyce oberflächlich überarbeitet. Beckett ist tief getroffen, artikuliert die Kränkung jedoch nicht, sondern verstaut sie für den Rest seines Lebens im Gedächtnis.⁶⁰ Von Paris aus reist er noch kurz nach Kassel, wo er eine kränkelnde Peggy Sinclair vorfindet.

In Paris hat Beckett immerhin einige Kontakte erneuern können, und der Herausgeber Samuel Putnam bestellt für eine repräsentative Anthologie, «The European Caravan», drei längere Gedichte im virtuos-unverständlichen Stil von *Whoroscope*. In der Folge wird Beckett noch mehrere solcher Gedichte schreiben, meist ausgelöst durch private Begebenheiten, etwa einen rein voyeuristischen Besuch im Bordell (*Ichor II*) oder eine lange Wanderung durch Dublins Außenbezirke (*Enueg*). Aber auch mindestens zwei kurze Prosatexte entstehen im Sommer 1931, *Sedendo et quiescendo* und *Text*, die beide ähnlich virtuos mit mehrsprachigen Überblendungstechniken arbeiten wie «Work in Progress» – im Begleitschreiben an Prentice, dem er diese Texte schickt, gibt Beckett zu: *Natürlich stinkt das Ganze nach Joyce trotz höchst ernster Bemühung um meine eigene Duftnote.*⁶¹ Ob Beckett mit solchen Stilproben (die im Folgejahr in «transition» und Putnams «New Review» erscheinen) womöglich die Gunst von Joyce zurückgewinnen will, muss Spekulation bleiben. Im August 1931 spricht er im Anschluss an eine Frankreichreise mit seinem Bruder Frank bei Joyce in London vor, erwischt ihn aber nur in Gesellschaft von Nora und Lucia – es kommt zu den *üblichen Scheißkomplikationen und Faselei*⁶², und Beckett reist heim.

In Dublin munkelt man, Beckett arbeite an einem hochgradig obszönen Roman. Ob das stimmt, ist fraglich; auf jeden Fall stößt Becketts Mutter schon im Juni in Becketts Zimmer auf Notizen erotischen oder anderweitig anstößigen Inhalts. Nun bricht ein heftiger Streit aus, in dessen Folge Beckett auszieht. Er fühlt sich aus dem Elternhaus verstoßen, widersetzt sich jedoch allen Vermittlungsversuchen von Vater und Bruder: *Papa sagt, komm runter vom hohen Roß in Gottes Namen [...], ich stifte was zu trinken, Küßchen und Wiedergutsein. [...] Ich sagte also etwas Beruhigendes und Flaues und Inhaltsleeres, aber ich geb nicht nach. Nein, mein Herr. Nichts kann mich dazu bringen.*[63] Beckett sondert sich mehr denn je ab und klagt mehr denn je über Schreibunfähigkeit, obwohl er im August aus Liebeskummer Ethna MacCarthys wegen (die eine Affäre mit A. J. «Con» Leventhal, einem verheirateten Freund Becketts, beginnt) *Alba* und *Yoke of Liberty* (*Joch der Freiheit*) schreibt, zwei Gedichte, die merklich kürzer und konziser sind als die zuvor entstandenen.

Die Lippen ihrer Lust sind grau,
seidenschlingengleich geöffnet
mit der Drohung
einer fast gewollten Wunde.
Müde nährt sie sich
von feinfühliger Wildnis,
stolz darauf, zerfleischt zu werden
von dem Kauern ihrer Schönheit.
Doch sterben wird sie, ihre Schlinge,
so geduldig meiner gezähmten
wachsamen Trauer angelegt,
wird zerreißen und erbärmlich
schlaff herunterhängen

Joch der Freiheit. In: Poems, S. 209

Becketts Lethargie hält ihn lange davon ab, den einzig möglichen Schritt zu tun: *Ich bin zu müd und hab zu wenig Schneid oder Mumm, oder wie immer das Zeug heißt, was dem alten Kadaver ein Ziel vorsetzen und eine Fahrkarte kaufen und hier Feierabend machen würde. [...] Und ist nicht mein Nabel zehn andere wert, auch wenn ich ihn nicht sehr gut in den Blick bekomme.*[64] Ergebnis der Nabelschau ist, dass Beckett Mitte Dezember 1931 (unmittelbar nach Verleihung des akademischen Magistergrads) nach Kassel aufbricht, ohne seinem Professor oder seiner Familie offenbart zu haben, dass er nicht wiederkommen wird. Dass er auf der Abschiedsspritztour noch einen Autounfall baut, bei dem die angebetete, aber unerreichbare Ethna schwer verletzt wird, steigert die Gewissensbisse noch.

Von Kassel aus schickt Beckett im Januar 1932 seine Kündigung ans Trinity College, wofür er sich *lange Jahre schuldig*[65] fühlen wird; er hat das Gefühl, sich *sehr schlecht benommen*[66], Kollegen wie Familie verraten und durch Undank moralisch enttäuscht zu haben. Freilich hat er einsehen müssen, dass weiteres Ausharren als Dozent in Dublin *hoffnungslos war. Ich versuchte Menschen, die nicht lernen wollten, etwas beizubringen, was ich selbst nicht wusste.*[67] Damit ist seine Karriere in der akademischen Welt beendet, bevor sie recht begonnen hat: *Ich wurde Schriftsteller, weil alles andere scheiterte.*[68]

Von Kassel reist Beckett nach Paris, sucht sich eine billige Dachkammerwohnung und söhnt sich mit Joyce (der ebenfalls nach Paris zurückgekehrt ist) einigermaßen aus. Lucia allerdings befindet sich in nervlich äußerst angespannter Verfassung, ausgelöst vor allem durch die Entdeckung, dass sie ein uneheliches Kind ist (Joyce und Nora haben erst im Vorjahr formell die Ehe geschlossen), und setzt durch, dass nicht nur Beckett, sondern alle jüngeren Männer aus dem Joyce-Haushalt verbannt bleiben. Ohnehin ist Beckett statt mit Helferdiensten für Joyce mit einem eigenen Schreibprojekt befasst; in der ersten Jahreshälfte 1932 schreibt er unter dem Titel *Traum von mehr bis minder schönen Frauen* einen Roman, der stark autobiographisch unterfüttert ist.

Becketts Hauptfigur ist ein junger Mann, der Belacqua Shuah heißt und damit nicht nur die (umgekehrten) Initialen seines Autors trägt, sondern vor allem auf den florentinischen Lautenmacher Belacqua bezogen ist, der in Dantes «Göttlicher Komödie» die Wartezeit auf den Einlass ins Fegefeuer in embryonaler Hockstellung und mit einer solchen Langmut erträgt, dass er das Idealbild lethargischer Untätigkeit darstellt.[69] Belacquas Leitspruch ist der Überlieferung zufolge ein Aristoteles-Zitat: «Sedendo et quiescendo anima efficitur sapiens» («Sitzend und ruhend wird die Seele weiser»).[70] Belacqua Shuah in Becketts Roman bedient sich dieser Haltung, um sich dreier Frauen zu erwehren, in die er entweder gar nicht oder nur *vom Gürtel aufwärts*[71] verliebt ist. Seine Angebetete, die Smeraldina-Rima, verliert er in einer Neujahrsnacht in Fulda, weil er es *unausstehlich* findet, von ihr *betatscht und angesabbert zu werden*[72], und sie einem anderen Mann in die Arme treibt; in Paris hält er sich mühsam die Syra-Cusa, die zu Belacquas Leidwesen an sexueller statt platonischer Liebe interessiert ist, vom Leibe; in Dublin himmelt er recht erfolglos die Alba an. Die realen Vorbilder der drei Frauenfiguren (Peggy Sinclair, Lucia Joyce, Ethna MacCarthy) sind unschwer auszumachen, und auch etliche

Peggy Sinclair, das Vorbild der Smeraldina-Rima

Nebenfiguren tragen Züge realer Personen (Rudmose-Brown etwa wird als Polarbär satirisiert), doch sind alle Figuren so grotesk überzeichnet, dass der Roman als biographische Quelle untauglich ist und insbesondere der Versuch, aus der Syra-Cusa-Episode Rückschlüsse auf Becketts tatsächliches Verhältnis zu Lucia Joyce zu ziehen[73], fehlgeht.

Traum von mehr bis minder schönen Frauen wirkt bei aller sprachlichen Virtuosität unausgegoren, und es nimmt nicht wunder, dass Beckett das Buch später *unreif und unwürdig*[74] nennt. Dass der Roman keine Mitte, keinen die Episoden bündelnden Kern zu haben, sondern nur aus explodierender Oberfläche zu bestehen scheint, entspricht allerdings seinem Programm. Die Versuche des Helden, zur Ruhe zu kommen, werden als untauglich beschrieben, und dieses Scheitern Belacquas spiegelt sich eben in dem sprachlichen, formalen und mimetischen Auseinanderfallen des Romans. Dies ist ein Aspekt, der von Belacqua (der wie sein Autor Schriftsteller ist oder werden will) sogar explizit benannt wird: *Die Wirklichkeit des Individuums [...] ist eine zusammenhanglose Wirklichkeit und muß zusammenhanglos ausgedrückt werden.*[75] Und: *Das Erleben meines Lesers soll sich zwischen den Ausdrücken ereignen, übermittelt in den Pausen, nicht den Worten der Aussage [...], sein Erleben soll die Menetekel, das Mirakel, das Memorandum einer unaussprechlichen Gedankenübertragung sein.*[76] Nur hat der Leser keine Chance, an das Schweigen und die Pausen zu kommen, weil die sprachliche Extravaganz und die intellektuelle Ambitioniertheit des Buches den Zugang künstlich erschweren.

Im Juni 1932, als Beckett den *Traum* beendet, lässt er Putnam wissen: *Ich schwöre, ich will, bevor ich sterbe, über J. J. hinwegkommen.*[77] Mit dem Roman ist ihm das nur im Ansatz gelungen. Zwar zeigt er an etlichen Stellen des Romans (in den er auch die vorher entstandenen Prosafragmente *Text* und *Sedendo et quiescendo* einbaut), dass er ein ähnlich vielschichtiges Sprachgebräu wie Joyce anzurühren vermag, doch anderswo setzt er sich offen von Joyce ab, etwa indem er den elegischen Schluss in dessen Erzählung «Die Toten» parodiert oder dem Helden (unter offensichtlicher Anspielung auf den «inneren Monolog» im «Ulysses») die *scheußliche Inkontinenz seines inneren Polylogs*[78] vorhält. Vielleicht ist auch die durchgängige Tendenz des Erzählers zur Selbstdistanzierung und zum Widerruf aller metafiktionalen Aussagen seines Helden ein Versuch, durch die Negierung jeder einmal gewonnenen Position Distanz zu mächtigen Einflüssen und Raum für sich selbst zu schaffen.

Als Beckett den Roman abschließt, ist seine Lage in Paris prekär geworden. Im Mai hat ein weißrussischer Immigrant den französischen Präsidenten Paul Doumer ermordet; die Behörden überprüfen die Papiere aller in Paris lebenden Ausländer, und Beckett, der keine gültige Aufenthaltsgenehmigung hat, reist von dem Geld, das er mit einer Übersetzung von Rimbauds «Das trunkene Schiff» ins Englische verdient, Mitte Juli nach London, um dort seine Chancen zu sondieren, als Literaturkritiker zu arbeiten. Es gelingt ihm nicht, Aufträge zu ergattern, und überhaupt überfällt Beckett eine Schreibblockade: *Ich glaube nicht, dass ich über irgendeinen Gegenstand ein Dutzend Worte zusammenbringen könnte.*[79] Prentice lehnt zudem das ihm eingereichte *Traum*-Skript ab, und Beckett versinkt wieder einmal in Lethargie: *Alles was ich mache ist nur noch – ausgehn um 2 und irgendeinen Sitzplatz finden, bis die Wirtshäuser aufmachen, und um 7 zurückkommen und Leber braten und die Evening News lesen.*[80] Seine Mutter drängt ihn in Briefen, heimzukehren, was Beckett unbedingt vermeiden will, doch da ihm das Geld ausgeht und keine Rettung in Sicht ist, gibt er Ende August 1932 schließlich nach: *Ich kroch heimwärts, mit eingekniffenem Schwanz.*[81]

Aus Foxrock berichtet Beckett McGreevy im Telegrammstil: *Vater real. Mutter komisch-real. Mein Bedürfnis nach schmerzstillender komisch-realer Zärtlichkeit.*[82] Er fürchtet, aus Foxrock nie mehr wegzukommen – *Ich werde hier sein, bis ich sterbe, auf dem Fahrrad eines Fremden feine Wege mich entlangschleppen*[83] –, graut sich vor dem *Leben auf einer Art von Konformitätsschleim*[84] und befindet sich in permanenter Spannung zu seinen Eltern: *Allein die Tatsache meiner Gegenwart reicht aus, um meine Mutter zur Verzweiflung zu bringen [...]. Und der Versuch, mich zu erklären, ist sinnlos. Auch wenn ich's könnte, selbst meinem Vater gegenüber. Weil alles, was ich tue und zu tun unterlasse, sage und zu sagen unterlasse, eine implizite Zurückweisung ihrer Werte ist*[85]. Beckett vergräbt sich in Lektüre, sucht mit Hilfe von Nachschlagewerken systematisch seinen Wortschatz zu erweitern und versucht zu schreiben.

Hinzu kommen gesundheitliche Probleme. Im Dezember ist er mehrere Wochen im Krankenhaus, weil eine unangenehme Nackenzyste und ein (durch zu enges Schuhwerk verursachter) Hammerzeh operiert werden müssen; die Zyste verheilt allerdings nicht, weswegen die Operation im Mai 1933 wiederholt werden muss. Aus Kassel erreicht ihn die bestürzende Nachricht, dass Peggy an Tuberkulose gestorben ist und die Sinclairs aus politischen und wirtschaftlichen Gründen Deutschland verlassen müssen. Trotz der schwierigen Lebensumstände hat Beckett inzwischen fünf Erzählungen fertig gestellt, allesamt Episoden aus dem Leben Belacqua Shuas – den *Traum*-Roman, der von etlichen Verlagen abgelehnt wird, benutzt Beckett dafür als Steinbruch.

Mitte Juni 1933 erleidet Becketts Vater, der ihm immer noch ein gewisser Rückhalt ist und regelmäßig Geld zusteckt, unerwartet einen Herzanfall; am 26. Juni stirbt er an einem zweiten Infarkt. Beckett, der meint, sein Vater habe sich auf den Bergen zu Tode gewandert, vergräbt sich in Erinnerungen: *Was bleibt mir anderes, als über Felder und Hecken hinweg seiner Spur zu folgen.*[86] Noch Jahrzehnte später bekennt er einer Bekannten: *Wenn es ein Paradies gibt, stapft Vater immer noch in seinen alten Klamotten mit seinem Hund dahin. Nachts, wenn ich nicht schlafen kann, unternehm ich die alten Wanderungen und stehe wieder eines Weihnachtsmorgens im Gelände bei Glencullen neben ihm [...]. Oder, gegen Ende dann, im Windschatten der Felsen auf dem Three-Rock-Gipfel, während er sich die Füße mit Schnee einreibt, damit die Blutzirkulation zurückkehrt.*[87] Unter dem Eindruck der Beerdigung schreibt Beckett das Gedicht *Malacoda*.

Die Witwe verdunkelt zum Zeichen der Trauer das Haus und verbreitet eine so trübe Stimmung, dass Beckett es nicht aushält und sich schließlich in Dublin im Geschäftshaus der väterlichen Firma (die Frank weiterführt) eine Dachkammer herrichtet, in der er tagsüber sinniert und schreibt. Hier entstehen die letzten Belacqua-Geschichten, die er dann zu dem Band *Mehr Prügel als Flügel* zusammenstellt und an Chatto and Windus schickt: Schon Ende September 1933 nimmt Prentice das Skript an; lediglich die von Beckett nachgereichte letzte Geschichte *Echo's Bones*, in der Belacqua von den Toten wiederaufersteht, missfällt Prentice und bleibt ungedruckt.

Mit *Mehr Prügel als Flügel* ist es Beckett gelungen, das Material aus *Traum von mehr bis minder schönen Frauen* so zu straffen und durch neue Episoden zu ergänzen, dass zwar das groteske Missverhältnis zwischen dem ruhesüchtigen Belacqua, den turbulenten Handlungselementen (nun ganz auf Dublin und Umgebung konzentriert) und der aufgekratzten Sprache gewahrt bleibt, aber doch sehr viel zielgerichteter als im Roman Belacquas Versuch einer Empfindungsbetäubung durch Weltentleerung dargestellt wird.

Der Raum im Geschäftshaus von Beckett & Medcalf, Clare Street 6 in Dublin, wo Beckett «Mehr Prügel als Flügel» schreibt

Belacqua will nicht nur vor der Geschlechtlichkeit fliehen (er zieht ein Fahrrad seiner Gefährtin vor, und heiraten will er nur unter der Bedingung, dass die ehelichen Pflichten ein Stellvertreter übernimmt), sondern flieht zudem aus der Außenwelt in den Innenraum des Schädels (wobei ihm Augen als *Gucklöcher in bessere Welten*[88] dienen). Und selbst das reicht ihm noch nicht, solange sein *Schädelinneres*[89] von der Außenwelt nicht hermetisch geschieden ist. In der Erzählung *Bammel* bemüht sich Belacqua vom Krankenbett aus, der Welt einen *Dichtungsring*[90] nach dem anderen zu installieren und sich vor zudringlichen Behelligungen abzuschirmen, indem er erst die Fensterrollos, dann die Augen (*Des Geistes Hinterpförtchen*[91]) und schließlich den Geist selbst zu verschließen sucht. Da das nicht gelingen kann, entschließt er sich freilich dann, schädliche Gedanken lieber doch einzulassen und sie schließlich, wenn sie im Schädel gleichsam in der Falle sitzen, zu zertrümmern: *Sein Kurs stand also fest. Zuerst wappnete er seinen Geist an jeder Scharte mit Gelächter, vielleicht nicht ganz das rechte Wort, doch es muß hier genügen, dann ließ er den Gedanken ein und schlug ihn zu Brei.*[92] Freilich misslingt dies Unterfangen (nicht zuletzt, weil er bei einer harmlosen Operation unverhofft stirbt), und Beckett hat ausgiebig Gelegenheit, seinen Helden satirisch in den Blick zu nehmen und den grotesken Situationen, in die er gerät, einen grimmigen Humor abzugewinnen.[93]

Das Problem ist damit (mit den Mitteln der literarischen Kunst) benannt, aber nicht gelöst: Wie lässt sich die äußerst schmerzhafte Zudringlichkeit der Welt ertragen? Durch die Flucht in leere Innenwelten und Abschottung nach außen? Oder durch beständige Konfrontation, Überführung in Rituale und Abstumpfung in der Wiederholung? Belacqua ist mit der ersten Möglichkeit weitgehend gescheitert, aber bevor er die zweite wirklich erproben kann, ist er tot. Beckett selbst wird die zweite Möglichkeit – die der Konfrontation – künstlerisch weiterverfolgen.

Persönlich allerdings misslingt es ihm zunächst. Foxrock erträgt er nicht, ebenso wenig das Haus am Hafen von Dalkey, das seine Mutter kurzfristig mietet (Beckett versteht nicht, *wie manche Leute es nervlich schaffen, so nah am Meer zu wohnen*, denn das Meer *stöhnt doch in der Nacht in die Träume hinein*[94]), und die Menschen, mit denen er zu tun hat (*Ich bin ein launenhafter Vogel, und ich mag niemanden*[95]). Mit der Mutter hat er ständig Streit, finanziell hat er kaum Spielraum, auch wenn er aus dem Erbe des Vaters eine Jahresrente von 300 Pfund erhält. Diverse diffuse Krankheitssymptome (nächtliche Panikattacken, Herzrasen, ein Geschwür an der Innenhand) treten auf, und eines Tages kann er auf der Straße plötzlich nicht mehr weitergehen: *Ein merkwürdiges Gefühl, das ich nicht so recht beschreiben kann. Ich fand, ich konnte mich nicht weiter von der Stelle bewegen. […] Und ich spürte, daß ich Hilfe brauchte. Also ging ich zu Geoffrey Thompson in die Sprechstunde.* Der alte Freund aus Portora-Zeiten, inzwischen Arzt, stellt keine körperlichen Ursachen fest und vermutet, dass die Beschwerden psychosomatischer oder gar neurotischer Natur sind: *Er empfahl mir dann Psychoanalyse. In Dublin war Psychoanalyse damals nicht erlaubt, war nicht legal. Zu psychoanalytischer Behandlung mußte man nach London gehen.*[96]

Beckett konfrontiert seine Mutter mit der Notwendigkeit, sich einer Behandlung zu unterziehen, und schließlich ist ihre Sorge um seine Gesundheit größer als der Wunsch, ihn bei sich zu behalten. Also erklärt sie sich bereit, ihm die Therapie zu finanzieren. Um den Jahreswechsel 1933/34 bricht Beckett nach London auf.

Ortswechsel

Analyse

Ich habe London gehaßt[97], wird Beckett später erklären. England leidet unter einer Wirtschaftskrise und hoher Arbeitslosigkeit, und Beckett bekommt die Herablassung gegenüber Iren zu spüren. Da seine Hoffnung zunichte wird, bei McGreevy wohnen zu können, der sich mühsam als Kunstkritiker über die Runden bringt, sucht er sich eine billige Unterkunft in Chelsea. Er verkehrt fast nur mit Iren: mit McGreevy und dessen Zimmerwirtin Hester Dowden, der Witwe eines Trinity-Professors, die Kontakte zur Musikwelt Londons hat und sich als «Medium und Seelenforscherin» versteht, sowie mit den Dubliner Lyrikern Brian Coffey und Denis Devlin, die häufig in London sind. Soweit es seine Mittel erlauben, geht Beckett regelmäßig ins Konzert und in Museen.

Für seine Therapie hat Thompson ihn an die Tavistock-Klinik verwiesen, an der Ansätze Sigmund Freuds, C. G. Jungs und Alfred Adlers zu recht undogmatischen psychoanalytischen Verfahren verbunden werden. Mehrmals wöchentlich ist Beckett in der Sprechstunde bei Wilfred Ruprecht Bion, einem jüngeren Therapeuten, den er *außerdienstlich angenehm*[98] findet. Bion diagnostiziert bei Beckett schwere Angstsymptome und hält ihn an, seine Träume und frühesten Erinnerungen zu notieren.

Aber auch nichttherapeutische Texte produziert Beckett. Für das «Dublin Magazine» rezensiert er den Gedichtband seines Freundes McGreevy, und im selben Heft erscheint ein kurzes eigenes Gedicht, *Gnome* (*Gnom*), das den

Abschied von übertriebener Gelehrsamkeit nicht nur verkündet, sondern in seiner prägnanten Schlichtheit auch praktiziert. Auch für Londoner Zeitschriften schreibt Beckett Rezensionen. In einem Aufsatz über *Neuere irische Dichtung* wirft er den *Antiquaren* (William Butler Yeats, Austin Clarke und anderen Verfechtern einer *irisch-romantischen Arnim-Brentano-Kombination*[99]) eine *Flucht vor Selbst-Bewußtwerdung* vor, die *als solche vielleicht am ehesten als Bedürfnisbefriedigung beschrieben werden könne*[100]; hingegen lobt er seine Freunde McGreevy, Coffey und vor allem Devlin, bei dem *die Existenz eines Autors*[101] und das *Vakuum [...] zwischen Wahrnehmendem und dem wahrgenommenen Objekt*[102] erkennbar werde.

> In den Lehrjahrn niemals spare
> Die Courage für Wanderjahre
> Durch die Welt, die ganz gesittet
> Das Gelehrte sich verbittet
>
> Gnom. In: Poems, S. 9

Becketts Hoffnung, sich mit seinem Erzählungsband einen Namen zu machen, der sich im Feuilleton finanziell nutzen lässt, erfüllt sich nicht. Als *Mehr Prügel als Flügel* Ende Mai 1934 erscheint, ist die Presseresonanz mäßig, nur 500 Exemplare werden verkauft. Ohnehin hat sich Becketts Stil inzwischen geändert. Eine neue Erzählung, *A Case in a Thousand*, die im August im «Bookman» veröffentlicht wird, ist im Ton sehr viel schlichter und verrät inhaltlich den Einfluss der Therapie bei Bion – es geht darin um die übersteigerte Mutterliebe einer Mrs. Bray. Als ihr Sohn bei einer Operation stirbt, erkennt der behandelnde Arzt in ihr sein eigenes Kindermädchen, und sie erzählt ihm *eine Sache in Zusammenhang mit seinen frühesten Jahren*, deren Inhalt der Erzähler als zu *trivial und intim* verschweigt, obwohl der Arzt sich davon *große Dinge versprach*.[103]

Als diese Erzählung erscheint, ist Beckett für einige Wochen wieder in Irland, um Geld zu sparen. George Reavey,

Wilfred Ruprecht Bion

ein Bekannter aus der Zeit in Paris, hat einen Kleinverlag gegründet und Beckett angeboten, einen Band mit seinen Gedichten zu publizieren, den Beckett allerdings selbst finanzieren muss. Beckett wird seine Gedichte zwar später *das Werk eines sehr jungen Mannes* nennen, *der nichts zu sagen hat und den es juckt, etwas zu machen*[104], doch stellt er für Reavey eine Auswahl jener Texte zusammen, die er am meisten schätzt (auf *Yoke of Liberty* verzichtet er schweren Herzens, da es schon in «The European Caravan» erschienen ist), und 1935 schließlich erscheint der Band *Echo's Bones, and other Precipitates* in 327 Exemplaren, die von der Öffentlichkeit und selbst von Becketts Freunden komplett ignoriert werden.

In Foxrock schläft Beckett wegen sofort wieder auftretender Panikattacken im Zimmer des Bruders: *Diese ganze Panik muß ich wohl als psychoneurotisch akzeptieren – was mich eilends zurückgehen und weitermachen läßt*[105]. Bion rät Beckett, seine Besuche in Foxrock streng auf einen Monat (die Gültigkeit einer Rückfahrkarte) zu beschränken, und Beckett hält sich daran, obwohl seine Mutter ihn stets drängt, länger zu bleiben. Bei jedem Irlandbesuch leidet Beckett unter extremen Schlafstörungen, Furunkeln und *Phasen sprachloser Mißgelauntheit*[106]; er weiß, dass seine Probleme mit der *Affenliebe*[107] seiner Mutter zusammenhängen, kann sich freilich schwer aus der Bindung lösen.

Anfang 1935 ist Lucia Joyce (die inzwischen Anzeichen von Schizophrenie zeigt) einige Wochen in London und versucht, mit Beckett Kontakt aufzunehmen, der jedoch ihre Briefe nicht beantwortet und sich am Telefon verleugnen lässt. An emotional aufgeladenen Beziehungen zu Frauen ist er nicht interessiert, seine sexuellen Bedürfnisse befriedigt er vermutlich bei Prostituierten. Die Kontakte im Literaturbetrieb hat er einschlafen lassen, er bekommt deshalb keine Rezensionsaufträge mehr; zusehends zweifelt er am Erfolg seiner Therapie, zumal seine Mutter ihm regelmäßig die Kosten vorhält. Dennoch kann Beckett seinem Freund McGreevy sagen, was er durch die Therapie gelernt hat: *Jahrelang war ich unglücklich […], so daß ich mich immer mehr abgesondert, immer weniger unternommen habe und mich in ein Crescendo von Geringschätzung anderer und meiner selbst hineinsteigerte. In all dem war aber nichts, was mir krankhaft vorgekommen wäre. […] Erst als diese Lebensweise oder vielmehr Lebensverneinung solch erschreckende physische Symptome entwickelte, daß sie nicht länger fortgeführt werden konnte, gewahrte ich in mir etwas Krankhaftes. Mit einem Wort, wenn mich das Herz nicht in Todesangst versetzt hätte, würd' ich noch immer saufen und spotten und herumlungern und mich für alles andere für zu gut halten.*[108] Von diesem Zeitpunkt an wird Beckett seinen Mitmenschen mit mehr Freundlichkeit, Interesse und Mitgefühl begegnen, als

Thomas McGreevy,
Becketts einziger
Vertrauter während
seiner Zeit in London,
um 1928

er das bisher getan hat; seine Neigung zur Überheblichkeit wird er fortan bremsen, so gut es geht, was allerdings auch dazu führt, dass er sich schon während seiner Therapie *unbeschreiblich nichtswürdig, schmutzig und untauglich*[109] vorkommt.

Im Spätsommer 1935 mehren sich bei Beckett Zeichen der Ungeduld mit seiner Therapie: Er zweifelt an ihrem Erfolg. Gleichzeitig nimmt die Arbeit an einem neuen Schreibprojekt, dem Roman *Murphy*, ihn sehr in Anspruch. *Die Schreibwut saugt alle Zuwendungsmöglichkeit aus mir heraus*[110], schreibt er McGreevy; um schlafen zu können, erschöpft er sich auf langen Märschen (bis zu dreißig Kilometer an einem Tag) durch Chelsea, Kensington und den Hyde Park, wodurch er die Schauplätze seines Romans sehr genau kennen lernt. Noch wichtiger für die Arbeit an *Murphy* ist der neuerliche Kontakt zu Geoffrey Thompson, der Oberarzt im Bethlem Royal Hospital wird, einer psychiatrischen Anstalt in Beckenham. Beckett besucht ihn häufig im Dienst, spielt mit ihm Schach und darf schließlich in Begleitung Thompsons die geschlossenen Abteilungen von innen sehen – *fast ohne Horrorgefühle, obwohl ich alles sah, von gelinder Depression bis zu profundem Irresein*[111]. Damit erhält die anfangs oft stockende Arbeit an *Murphy* den entscheidenden Impuls.

Der Titelheld von *Murphy* versucht wie schon Becketts Belacqua-Figur, *in seinem Geist zu leben*[112] und die Außenwelt möglichst zu ignorieren, geht dabei aber sehr viel konsequenter vor: Während Belacqua lethargisch alles über sich ergehen lässt, legt Murphy sich sogar Fesseln an, um seinen Körper zu beruhigen und den Geist zu befreien. Zur theoretischen Untermauerung seines Tuns legt er sich ein pseudophilosophisches Konstrukt zurecht, dem zufolge er *in zwei gespalten* ist, *in einen Körper und einen Geist*, wobei der Geist *als eine große hohle Kugel […] hermetisch vom äußeren Universum abgeschlossen* ist; er beharrt aber darauf, dass alles, was *im äußeren Universum* war, ist oder sein wird, *virtuell oder wirklich* auch *in seinem inneren Universum vorhanden* ist. Der Geist wiederum zerfällt in *Oben und Unten*, wobei der obere (*wirkliche*) Teil *aus Licht* besteht und der untere (*virtuelle*) Teil im *Dunkel* liegt (hinzu kommt noch eine Zwischenzone, das *Halbdunkel*).[113]

Das hört sich alles recht konstruiert an und soll es auch; Beckett wendet philosophische Konstrukte an, indem er sie gegen seinen Helden wendet, und zwar in satirischer Absicht. In der slapstickartigen Eingangsszene des Romans geht Murphy, der sich nackt an seinen Schaukelstuhl gefesselt und in rhythmische Bewegung versetzt hat, kopfüber und hängt wehrlos in der Luft. Das ist gleichsam der Austausch von *Oben und Unten*, praktisch demonstriert, und zugleich ein parodistischer Hinweis auf Murphys Maxime, die er sich von dem niederländischen Descartes-Schüler Arnold Geulincx ausgeliehen hat: *Ubi nihil vales, ibi nihil velis*[114] (Wo du nichts vermagst, sollst du nichts wollen). Murphy kann sich allein nicht aus seiner misslichen Lage im Schaukelstuhl befreien, aber entgegen dem Ratschlag Geulincx' schafft er es nicht, seine körperliche Befindlichkeit zu ignorieren. Ebendies ist sein Problem im Umgang mit der Prostituierten Celia, die ihn liebt und sich müht, ihn sozial einzubinden. Murphy schnorrt sich mehr oder minder geschickt durch den Alltag und tut so, als wäre er leiblich völlig bedürfnislos; Celia freilich droht damit, ihm ihre Gunst zu ent-

Diese Abbildung, die er in einer deutschen Illustrierten fand, wünscht Beckett sich vergebens auf den Umschlag von «Murphy».

ziehen, sofern er sich keine Arbeit sucht, und Murphy schafft es nicht, der Verbindung mit Celia zu entsagen. (Die Bindung Murphys zu Celia ist prinzipiell durchaus vergleichbar mit der Bindung Becketts an seine Mutter.) Eine der vielen ironischen Umkehrungen des Romans lässt dann freilich gerade die schließlich doch erfolgte Arbeitsaufnahme Murphys (als Hilfspfleger und Schließer in der Irrenanstalt) in den Ausweg aus seinem philosophischen Dilemma münden. Die Insassen der Anstalt begegnen ihren körperlichen Trieben und Wahrnehmungen mit jener Indifferenz, die Murphy lange erstrebt hat – und am Ende einer wahnwitzigen Schachpartie, die er gegen den Patienten Mr. Endon verliert, beginnt Murphy endlich, *nichts zu sehen, diese Farblosigkeit, die [...] weniger die Abwesenheit [...] von percipere [Wahrnehmen] als von percipi [Wahrgenommenwerden] ist*[115].

Murphy ist kein philosophischer Roman, sondern ein Roman, der philosophische Sätze zur Charakterzeichnung nutzt – und zwar nur Sätze, die (wie die Geulincx-Maxime) eine konzentrierte sprachliche Form aufweisen. Nach der Schachpartie verknappt Murphy selbst sein Erlebnis zu einer konzisen Chiffre (*das Letzte endlich gesehen von ihm/er selbst ungesehen von ihm/und von ihm selbst*), die fast reine Form ist, sodass die Vorstellung, die sie beschreibt, von Murphy eigens erläutert werden muss: *Das Letzte, was Mr. Murphy von Mr. Endon sah, war Mr. Murphy ungesehen von Mr. Endon. Dies war auch das Letzte, was Murphy von Murphy sah.*[116] Wenn Beckett in *Murphy* seinen Helden mit einer *Mischung aus Mitleid, Geduld, Spott* und *Anteilnahme*[117] auf eine Weise schildert, die hochgradig komisch ist, so werden die Probleme Murphys (die in gewissem Maß die Probleme Becketts sind) in eine literarisch fruchtbare Form gebracht, aber nicht gelöst. *Am Ende ist es besser, zugrunde zu gehen als befreit zu werden*, erläutert Beckett McGreevy gegenüber:

Murphy hat keine Freiheit der Wahl, d. h. er ist nicht frei, gegen seine Neigung zu handeln.[118] Murphys Dilemma lässt sich weder philosophisch noch lebenspraktisch lösen, es lässt sich nur so prägnant wie möglich beschreiben.[119]

Eine prägnante Beschreibung seiner eigenen Verfassung bekommt Beckett selbst an die Hand, als er Anfang Oktober 1935 mit Bion eine Vorlesung von C. G. Jung hört, an die er sich noch Jahrzehnte später erinnern wird: *Er sprach von einer seiner Patientinnen, einem sehr jungen Mädchen ... Am Schluß, als die Leute gingen, schwieg Jung. Und dann fügte er hinzu, so, als spräche er nur mit sich, ganz erstaunt über seine Entdeckung: «In Wirklichkeit ist sie nie geboren worden.» Ich hatte immer das Gefühl, als wäre auch ich nie geboren worden.*[120] Beckett hat eine Formulierung gefunden, die sein Lebensdilemma – sein Befremden über die eigene Existenz und die knebelnde Mutterbindung – auf den Punkt bringt.

Als Beckett die Jung-Vorlesung hört, ist er bereits im Begriff, *den Stecker aus London rauszuziehen*[121]; zwar hält Bion seine Neurose noch nicht für überwunden, doch als Beckett zu Weihnachten 1935 nach Foxrock fährt, hat er bereits beschlossen, nicht nach London zurückzukehren. Sogleich bekommt er eine Rippenfellentzündung, auch nächtliche Panikattacken treten wieder auf, und Beckett hat einen schmerzhaften Furunkel am After. Er weiß, dass etwas geschehen muss: *Vielleicht findet die Flucht früher statt, als ich mir vorstelle, aber kein Bion mehr.*[122] Zunächst flüchtet er sich nur in Arbeit, schreibt an *Murphy* weiter und exzerpiert gelungene Sätze und ganze Abschnitte aus Romanen von Jane Austen, Stendhal, Fielding, Smollett, Swift, Lesage, Cervantes, Fischart und Rabelais – gezielt schult er sich, um in *Murphy* ganz nach Belieben mit den Tricks und Konventionen der Romangattung spielen zu können. Auch deshalb wird *Murphy* das zugänglichste und (wenngleich zu den Bedingungen ständiger Ironisierung) konventionellste Buch, das Beckett je veröffentlicht.

Beckett gibt sich ungewohnt gesellig, nimmt am literarischen Leben Dublins teil und meint gar, sich mit seiner Mutter *auf eine Art gegenseitiger Behutsamkeit und Zurückhaltung geeinigt*[123] zu haben. Mit der Behutsamkeit ist es freilich schnell vorbei, weil Beckett trotz Drängen der Mutter keinerlei Anstalten trifft, sich eine Stellung zu suchen; das Angebot Seumas O'Sullivans, sein Nachfolger als Herausgeber des «Dublin Magazine» zu werden, lehnt er höflich ab, arbeitet sich aber in Filmtheorie ein, liest einschlägige Bücher von Wsewolod Pudowkin und Rudolf Arnheim und schreibt an Sergej Eisenstein nach Moskau, er wolle ein Praktikum bei ihm machen; Eisenstein antwortet nie. Mitte Juni 1936 ist *Murphy* fertig, und Beckett verliebt sich in eine zwanzigjährige Amerikanerin, die er mit seinen Kontakten zu Joyce zu beeindrucken sucht; freilich sagt ihr der Name nichts, und sie entzieht sich Beckett, den sie für einen linkischen Sonderling hält. Zum Entsetzen seiner Familie flüchtet er sich in eine kurze Affäre mit der frisch verheirateten Kindheitsfreundin Mary Manning. Zudem kommt er auf die Idee, Pilot zu werden, weil er sich das Fliegen erregend vorstellt, verfolgt den Plan aber nicht ernsthaft.

Ich habe keine Lust, für den Rest meines Lebens Bücher zu schreiben, die keiner lesen will[124], bekundet er, als es Schwierigkeiten gibt, einen Verlag für *Murphy* zu finden, weswegen er Reavey bittet, als sein Agent zu fungieren. Als er im August Goethes «Faust» liest, den er *oft irrelevant und zu konkret*[125] findet, reift der Plan einer Deutschlandreise, und die *Aussicht, hier wegzukommen*, empfindet er als *große Erleichterung.*[126] Seiner Mutter, die die Reise mitfinanzieren muss, erklärt er, er habe einen Posten in der Dubliner Nationalgalerie in Aussicht, für den er sich aber noch bilden müsse, und da biete sich eine ausgiebige Kunstreise durch Deutschland an. May Beckett willigt ein, und so geht er am 29. September 1936 im Hafen von Cork an Bord eines Liniendampfers. McGreevy lässt er wissen: *Ich hoffe, ich werde für sehr lange Zeit weg sein.*[127]

WANDERSCHAFT

Kaum ist Beckett Anfang Oktober 1936 in Hamburg eingetroffen, scheint er seine Reise schon zu bereuen. Knapp vier Jahre nach der Machtübernahme Adolf Hitlers bietet Deutschland nicht mehr die Freiheiten, die Beckett zu Zeiten der Weimarer Republik kennen gelernt hat. Er fragt sich, warum er überhaupt gekommen ist; diverse Malaisen (eine wunde Nase, Ausschlag an der Lippe, eitrige Finger und der erneut auftretende Furunkel am After) bereiten ihm Beschwerden. Dennoch stellt er sich dem Pensum, das er sich gesetzt hat, unter anderem, indem er penibel Tagebuch führt. Möglicherweise ist dies ein Erfolg seiner Therapie: Beckett erträgt Umstände, vor denen er früher kapituliert hätte, indem er Strukturen schafft, an denen er unter allen Umständen festhält. Selbst das höfliche Interesse an anderen Menschen, zu dem Bion ihn angehalten hat, kann als formales Hilfskonstrukt aufgefasst werden, das ihm den Umgang mit seiner Umwelt erleichtert: Er bringt seiner Umgebung eine gewisse Teilnahme entgegen und wahrt doch Distanz.

Da er der Mutter seine Reise als Bildungsreise legitimiert hat, macht er sich nun tatsächlich daran, an Kunst zu sehen, so viel ihm möglich ist. Nachdem er seine deutschen Sprachkenntnisse aufgefrischt hat (*Wie absurd die Mühe, in einer anderen Sprache stumm sein zu lernen!*[128]), sucht er den Kontakt zu künstlerisch-akademischen Kreisen und erhält Zugang zu etlichen Privatsammlungen moderner Kunst; unter den Malern, die er in Hamburg kennen lernt, wecken vor allem Willem Grimm und Karl Ballmer sein Interesse. Die politische Situation bleibt ihm nicht verborgen und stößt ihn ab – *Alle Klowärter sagen Heil Hitler*[129] –, zumal die Nazis gerade zu dieser Zeit alle Kunst, die nicht ihren Vorstellungen entspricht, aus öffentlichen Museen entfernen. Jüdische Maler und Kunsthistoriker haben zudem mit Berufsverboten zu kämpfen und schildern Beckett die Repressionen, denen sie ausgesetzt sind.

Als Beckett Mitte Dezember 1936 nach Aufenthalten in Hannover, Braunschweig und Wolfenbüttel in Berlin eintrifft, fällt seine Zwischenbilanz verheerend aus: *Die Tour ist ein Mißerfolg. Deutschland ist gräßlich. Das Geld ist knapp. Ich bin die ganze Zeit müde. Alle modernen Bilder sind in den Kellern.*[130] Als er von Reavey hört, die Verlagssuche für *Murphy* gestalte sich schwierig, reagiert er sarkastisch: *Mein nächstes Werk wird auf Reispapier um eine Spule gewunden werden, mit Perforation alle 20 cm und käuflich in der Drogerie. [...] Die Beckett-Bumsklo-Bücher, Jesus in furzio.*[131] Freilich arbeitet er sich trotz mehrtägiger Bettlägerigkeit aus seiner Missstimmung heraus, indem er sie in die Form des mit dem Elend der Welt abrechnenden Gedichts *Ooftish* bringt, sich zur Bejahung seiner Isolation durchringt (*Wie INBRÜNSTIG ich doch die Einsamkeit liebe*[132]) und in seinem Tagebuch ausformuliert, was er von der Welt will: *Ich habe kein Interesse an einer «Vereinheitlichung» des historischen Chaos, ebensowenig wie an einer «Klärung» des individuellen Chaos [...]. Was ich will, sind die Strohhalme, das Treibgut, usw., Namen, Daten, Geburt und Tod, weil das alles ist, was ich wissen kann.*[133]

In Dresden lernt Beckett im Kunsthistoriker Will Grohmann, den die Nazis als Zwinger-Direktor abgesetzt haben, einen kundigen Gesprächspartner kennen und gerät über das Gemälde «Zwei Männer in Betrachtung des Mondes» von Caspar David Friedrich ins Schwärmen: *[...] das ist die ein-*

Caspar David Friedrich: «Zwei Männer in Betrachtung des Mondes», 1819

zige noch erträgliche Art von Romantik[134]. In Becketts Gedächtnis entsteht ein Bilderreservoir, aus dem er noch Jahrzehnte später Details abrufen kann. Die drei Wochen, die Beckett in Dresden verbringt, bessern seine Stimmung merklich. Nachdem er sich anfangs *ohne Lebenszweck allein und pathologisch träge und lasch und meinungslos und konsterniert*[135] vorgekommen ist, preist er McGreevy gegenüber seine Reise schließlich als *ein amüsantes, oft wunderschönes Abenteuer*[136]. Anfang März 1937 trifft er schließlich in München ein, lernt Hans Rupé kennen, den Direktor des Bayrischen Nationalmuseums, und begeistert sich für Karl Valentin, mit dem er unter bizarren Umständen zusammentrifft: *Wirklich ein Klasse-Komiker, Depression ausschwitzend, vielleicht schon im Abstieg. [...] Degeneriert hie und da zu Klamauk.*[137]

München aber gefällt Beckett gar nicht, und das drückt auf seine Stimmung: *Ich war nie so schlapp, dumm und ohne Hoffnung für die Zukunft.*[138] Am 1. April nimmt er kurzerhand das Flugzeug nach London und fährt heim. In Foxrock kommt es seiner finanziellen und beruflichen Situation wegen sogleich zu erneutem Streit mit seiner Mutter, die nächtlichen Panikanfälle mehren sich wieder, und Beckett flüchtet sich in den Alkohol.

Am 4. Mai 1937 stirbt Boss Sinclair, der schon seit Jahren an Tuberkulose leidet. Nach einer zwischenzeitlichen Verstimmung (verursacht durch die Verwendung eines Briefs von Peggy Sinclair als *Liebesbrief der Smeraldina* in *Mehr Prügel als Flügel*) pflegt Beckett wieder engen Umgang mit den Sinclairs und verspricht dem Sterbenden am Totenbett, sich dessen Zwillingsbruder Harry als Zeuge für eine Verleumdungsklage gegen den Dubliner Arzt und Schriftsteller Oliver St. John Gogarty zur Verfügung zu stellen, der in seinem Buch «As I Was Going Down Sackville Street» antisemitische Tiraden gegen die beiden publiziert hat.

Als Resultat seiner Deutschlandreise korrespondiert Beckett kurz mit dem Rowohlt-Mitarbeiter Axel Kaun, der versucht, ihn als Übersetzer von Joachim Ringelnatz zu gewinnen. Beckett lehnt das ab, weil ihm die Gedichte *nicht der Mühe wert*[139] scheinen, fragt im Gegenzug, ob es schon englische Übersetzungen von Georg Trakl gebe, und nutzt die Gelegenheit zu geradezu programmatischen Formulierungen: *Und immer mehr wie ein Schleier kommt mir meine Sprache vor, den man zerreißen muss, um an die dahinterliegenden Dinge (oder das dahinterliegende Nichts) zu kommen.* Eine *höhnische Haltung dem Worte gegenüber* fordert Beckett, wünscht sich sogar eine *Literatur des Unworts* und legt Wert darauf, mit Joyce habe dieses Programm *gar nichts zu tun. Dort scheint es sich vielmehr um eine Apotheose des Wortes zu handeln. Es sei denn, Himmelfahrt und Höllensturz sind eins und dasselbe.*[140]

Im Juli heiratet Frank Beckett, der seinen Bruder finanziell und moralisch unterstützt hat, und zieht in ein eigenes Haus über der Steilküste von Killiney: *Wieder einer weg. Weg von mir, meine ich natürlich.*[141] Beckett kränkelt, fühlt sich arbeitsunfähig und liest – vor allem Schopenhauer, außerdem Bücher über den englischen Schriftsteller Samuel Johnson

Seite aus dem Manuskript des Dramenfragments «Human Wishes»

und dessen desolate Liebesbeziehung zu einer jüngeren Frau. Beckett plant unter dem Titel *Human Wishes* ein Theaterstück als Umsetzung seiner These, Johnson habe an Impotenz gelitten, doch obwohl er sich noch jahrelang mit dem Projekt beschäftigt, entsteht neben Notizen nur eine kurze Teilszene.

Nachdem Beckett im September 1937 einen schweren Autounfall verursacht hat, fordert seine Mutter ihn ultimativ auf, das Elternhaus zu verlassen. Beckett weiß nur zu gut, dass er seine persönlichen Probleme nur lösen kann, wenn er sich der Mutter entzieht: *Ich bin, was ihre barbarische Liebe aus mir gemacht hat, und es ist gut, daß einer von uns das endlich akzeptiert.*[142] Also nutzt er die Gelegenheit, um sich endgültig abzusetzen. Mitte Oktober 1937 reist er über London nach Paris, wo er an seine früheren Aufenthalte anzuknüpfen sucht. Er reaktiviert alte Kontakte (etwa zu Reavey und Péron) und gewinnt neue Freunde – den holländischen Maler Geer van Velde und seine Frau Lisl, den Bildhauer Alberto Giacometti, mit dem er schweigsame nächtliche Spaziergänge unternimmt, und den Avantgardekünstler Marcel Duchamp, mit dem er Schach spielt. Auf Distanz bleibt er zu Pelorson, weil der inzwischen eine rechtslastige Zeitschrift herausgibt.

Im November muss Beckett schon wieder nach Dublin, um im Verleumdungsprozess gegen Gogarty aufzutreten. Er soll bezeugen, dass Gogarty in seinem Buch eindeutig auf Harry und Boss Sinclair anspielt, und weiß, dass Gogartys Anwalt ihn *auf alle mögliche Art in den Dreck ziehen*[143] wird. Gezielte Hinweise auf *Mehr Prügel als Flügel* (das in Irland auf dem Index steht) und *Whoroscope* diskreditieren Beckett so gründlich, dass die Dubliner Presse ihn als «Zotenreißer und Gotteslästerer» darstellen kann; Gogarty verliert den Prozess dennoch und sucht sich später zu rächen, indem er

Austin Clarke erfolglos anstiftet, seinerseits eine Verleumdungsklage gegen Beckett einzureichen, weil die Figur des Austin Ticklepenny (*Kneipenpoet aus der Grafschaft Dublin*[144]) in *Murphy* Ähnlichkeiten mit Clarke aufweise. Beckett reist gleich nach dem Prozess aus Dublin ab, ohne Verbindung mit seiner Mutter aufgenommen zu haben; er weiß jetzt mehr denn je, was er an Irland verachtet.

In Paris wagt er einen Schritt, um den er sich ein Weilchen gedrückt hat: Er nimmt Kontakt zu Joyce auf und wird wider Erwarten herzlich empfangen. Lucia befindet sich inzwischen in einer geschlossenen Anstalt; Beckett ist schon bald neben ihrem Vater ihr einziger regelmäßiger Besucher.[145] Der Kreis um Joyce ist stark geschrumpft und besteht jetzt hauptsächlich aus Eugène Jolas und seiner Frau Maria (beide schätzt Beckett nicht) sowie Paul Léopold Léon, einem russischen Juden, der seit Jahren als unbezahlter Sekretär und Vertrauter von Joyce agiert. Joyce engagiert Beckett sogleich für die Fahnenkorrektur von «Work in Progress», bezahlt ihn sogar dafür und gibt als Almosen noch einige alte Kleidungsstücke dazu, was Beckett widerspruchslos hinnimmt: *Es ist so viel einfacher, sich kränken zu lassen als selber zu kränken.* Beckett kann nun distanziert, aber freundschaftlich mit seinem früheren Idol umgehen: *Ich empfinde jetzt keine Gefahr mehr in diesem Verhältnis. Er ist doch schlicht ein liebenswerter Mensch.*[146] Dass *keine Gefahr mehr* besteht, gilt nicht zuletzt in künstlerischer Hinsicht; spätestens mit *Murphy* hat Beckett den Joyce'schen Einfluss abgeschüttelt, zumal der Roman nach mehr als vierzig Absagen im Dezember 1937 schließlich auf Empfehlung von Jack Yeats von dessen Verlag Routledge angenommen wird.

Ende Dezember lernt Beckett bei einem Essen mit der Familie Joyce eine flüchtige Bekannte näher kennen, nämlich die vierzigjährige Millionenerbin Peggy Guggenheim,

Peggy Guggenheim, aufgenommen von Berenice Abbott, um 1926

die ihm Avancen macht. Am Ende des Abends landen die beiden gemeinsam im Bett und verlassen es einige Tage lang praktisch nicht mehr. Als Beckett gleich danach auch mit einer flüchtigen Bekannten aus Dublin ins Bett steigt, gibt das der Affäre einen Knick, kann sie jedoch nicht beenden. Peggy Guggenheim ist dabei, mit ihrem beträchtlichen Vermögen eine Kunstsammlung aufzubauen und in London eine Galerie zu eröffnen; Beckett rät ihr, sich ganz auf zeitgenössische Kunst zu konzentrieren, und bringt vor allem seine Freunde Jack Yeats und Geer van Velde ins Spiel.

In den frühen Morgenstunden des 7. Januar 1938 gerät Beckett, der mit Bekannten unterwegs ist, ohne ersichtlichen Anlass in Streit mit einem Zuhälter, der kurzerhand ein Messer zückt und Beckett niedersticht; Herz und Lunge werden knapp verfehlt, aber das Rippenfell ist durchbohrt. Erst im Krankenhaus erlangt Beckett das Bewusstsein wieder: *Das erste, was ich sah, als ich zu mir kam, war Joyce, der am einen Ende des Saals stand und herankam, um nach mir zu sehen. Und dank Joyce [...] kriegte ich ein Einzelzimmer.*[147] Unter den vielen Besuchern am Krankenbett ist Becketts Mutter, die sich endgültig mit ihm aussöhnt und abmacht, dass ihr Sohn sie zukünftig jedes Jahr für vier Wochen besuchen wird. Die Konzertpianistin Suzanne Deschevaux-Dumesnil, die ein Jahrzehnt zuvor mit Beckett Tennis spielte, liest in der Zeitung von dem Vorfall, kommt ihn besuchen und regelt alle nötigen Formalitäten für ihn. Nach der Entlassung hilft sie Beckett, der immer noch in einem billigen Hotel wohnt, bei der Wohnungssuche, und im April 1938 zieht er in eine kleine unmöblierte Wohnung im siebten Stock des Hauses in der Rue des Favorites 6 im Arbeiterviertel Vaugirard. Erst ein Jahr später wird Beckett seinem Freund McGreevy verraten: *Da ist auch eine Französin, die ich gerne mag, leidenschaftslos, und die sehr gut zu mir ist. Das Blatt wird nicht überreizt. Während wir beide wissen, daß es zu Ende gehen wird, kann man nie wissen, wie lange es dauern mag.*[148] Dauern wird die Beziehung über fünfzig Jahre.

> sie kommen
> andere und gleiche
> bei jeder ist es anders und ist es gleich
> bei jeder ist das Fehlen der Liebe anders
> bei jeder ist das Fehlen der Liebe gleich
>
> 1938 im Krankenhaus schreibt Beckett dieses Gedicht für Peggy Guggenheim.
> In: Gedichte, S. 55

Doch zunächst muss Beckett sich von Peggy Guggenheim lösen. Im Monat seines Einzugs in die Rue des Favorites begleitet er sie nach London, wo sie auf sein Drängen hin eine Ausstellung mit Bildern van Veldes arrangiert hat; anschließend reist man weiter zu Guggenheims Landhaus (dem Yew Tree Cottage bei Petersfield in Sussex, in dem vor dem Ersten Weltkrieg der Lyriker Edward Thomas gewohnt hat); Beckett entzieht sich der sexuellen Zudringlichkeit Guggenheims und offenbart ihr, dass er jetzt mit Suzanne zusammen sei.

Die nächsten ein, zwei Jahre nennt Beckett später im Rückblick eine *Periode des Verlorenseins, Dahintreibens, Zusammentreffens mit ein paar Freunden – eine Periode der Apathie und Lethargie*[149]. Allerdings treibt er doch seine Schriftstellerei voran. *Murphy* ist erschienen, wenngleich das Presseecho durchwachsen ausfällt – Dylan Thomas beispielsweise nennt es «ein schwieriges, ernstzunehmendes und mißlungenes Buch»[150] –, und Beckett macht sich gemeinsam mit Péron an die Übersetzung ins Französische. Zudem schreibt er in großer Zahl Gedichte, und zwar jetzt in französischer Sprache. Neben den zwölf *Poèmes 1937–1939*, die die Impulse der früheren englischen Gedichte weiterführen, aber sprachlich verknappen, entstehen etliche bis heute unveröffentlichte chiffrenhafte Kurzgedichte, die den Grundstock zu einem ganz neuen Schreiben legen.

Ende August 1939 fährt Beckett zu seinem Sommerurlaub nach Irland. Der Kriegsausbruch Anfang September kommt keineswegs überraschend, schon Monate zuvor hat Beckett McGreevy wissen lassen: *Wenn es Krieg gibt, wozu es, wie ich fürchte, bald kommen muß, werde ich mich diesem Land [Frankreich] zur Verfügung stellen.*[151] Am 4. September verabschiedet er sich von seiner Mutter und reist zunächst ins verdunkelte London und dann weiter nach Paris.

MENSCHSEIN IN RUINEN

In Frankreich angekommen, meldet Beckett sich bei den Behörden und bietet seine Dienste als Krankenwagenfahrer an, wird jedoch nicht eingesetzt. Das Leben in Paris geht notdürftig und in trüber Stimmung weiter, bis am 14. Juni 1940 die siegreichen deutschen Truppen einmarschieren. Millionen von Menschen fliehen, und zwei Tage vor dem Einmarsch haben auch Beckett und Suzanne mit einem der letzten Züge die Stadt verlassen. Sie flüchten sich zunächst nach Vichy, wo Joyce und seine Familie Zuflucht gesucht haben, müssen dann aber das Hotel räumen, weil sich dort die Kollaborationsregierung unter Marschall Pétain einrichtet, zu deren Beamten auch Pelorson gehört. Beckett leiht sich eine größere Geldsumme von Valéry Larbaud, einem langjährigen Förderer von Joyce, und zieht mit seiner Gefährtin unter schwierigsten Umständen über Toulouse und Bordeaux nach Arcachon weiter, wo sich Duchamp und seine Lebensgefährtin Mary Reynolds (eine Freundin von Peggy Guggenheim) aufhalten. Beckett, der zunächst beabsichtigt, sich über Madrid nach Portugal durchzuschlagen und per Schiff nach Irland auszureisen, nimmt Verbindung mit seiner Familie auf und erhält Geld, von dem er für den Rest des Sommers ein Haus mietet.

Als sich herumspricht, dass die Lage in Paris relativ ruhig und ungefährlich ist, kehren Beckett und seine Gefährtin im Oktober zurück und richten sich in der Rue des Favorites ein, so gut es geht. Lebensmittel sind knapp, und wegen Kohlenmangels bleibt die Heizung meist kalt. Beckett beginnt wieder zu arbeiten; mit Péron, der ebenfalls wieder in Paris ist, übersetzt er *Murphy* weiter, und im Februar 1941 nimmt er (nachdem er erfahren hat, dass Joyce tot ist) die Arbeit an einem neuen Roman auf, seinem letzten in englischer Sprache: *Watt*. Für diesen Roman steigt er tief in seine Vergangenheit und seine Erinnerungen hinab (im ersten Entwurf ist die Rede davon, *ins Prä-Uterine* zurückzugehen, und *der unbewusste Verstand*[152] wird als mögliches Thema einer Geschichte benannt), sodass wohl nicht zufällig auf den ersten Seiten Schauplätze aus Becketts früher Welt geschildert werden: der Bahnhof Foxrock und eine fiktionalisierte Version seines Elternhauses. Diese Schreibimpulse werden allerdings bald durch andere abgelöst, vor allem wohl, weil sich Becketts Lebens- und Schreibumstände dramatisch verändern.

Je länger die deutsche Besatzung währt, desto deutlicher wird der antisemitische Charakter der Nazi-Ideologie; Beckett kennt das schon von seiner Deutschlandreise, und zudem hat er voller Abscheu Teile von Hitlers «Mein Kampf» gelesen. Juden müssen jederzeit mit ihrer Verhaftung rechnen. Als Beckett Ende August 1941 zufällig Paul Léon auf der Straße trifft, bittet er ihn inständig, die Stadt zu verlassen, doch Léon will noch das Abitur seines Sohnes abwarten – am nächsten Tag läuft er den Deutschen in die Arme, wird in ein Konzentrationslager gebracht und vermutlich im April 1942 in Schlesien ermordet. Kurz nach Léons Festnahme lässt Beckett sich von Péron für die Résistance anwerben: *Ich konnte einfach nicht mit verschränkten Armen dabeistehn.*[153] Das Leid der Juden nimmt Beckett so mit, dass ihm noch Jahrzehnte später beim Gedanken daran die Trä-

Alfred Péron (in Armeeuniform) mit seiner Frau Mania

nen in die Augen steigen, und deshalb stellt er sich dem Widerstand gegen die Deutschen zur Verfügung: *Ich kämpfte gegen die Deutschen, die meinen Freunden das Leben zur Hölle machten, und nicht für die französische Nation.*[154]

Beckett, Péron und etwa achtzig weitere Aktivisten arbeiten in der Zelle Gloria SMH, die hauptsächlich nachrichtendienstliche Aufgaben wahrnimmt: Informationen über deutsche Truppenbewegungen werden gesammelt, von Beckett komprimiert und getippt, von einem anderen Mitglied auf Mikrofilm aufgenommen und dann den Engländern zugespielt. Diese Aktivitäten dauern ein Jahr an, bis sich ein Priester, der ein Agent der deutschen Abwehr ist, in die Zelle einschleicht und sie auffliegen lässt; innerhalb weniger Tage werden über fünfzig Mitglieder verhaftet. Als Beckett und Suzanne am 15. August 1942 erfahren, dass Péron festgenommen wurde, verlassen sie sofort die Wohnung, suchen vergebens einige andere Aktivisten zu warnen und tauchen unter. Bis Anfang Oktober 1942 verstecken sie sich in Notunterkünften in der Nähe von Paris, vor allem bei kommunistischen Freunden von Suzanne, dann fliehen sie mit gefälschten Papieren in die unbesetzte Zone.

Ihr Zufluchtsort wird Roussillon, ein größeres Dorf in der Vaucluse, malerisch über einem steilen Felsabbruch gelegen und dadurch relativ unzugänglich. Das Dorf bleibt während des gesamten Krieges vom Zugriff deutscher Truppen verschont; das örtliche Netzwerk des Maquis, wie die Résistance in Südfrankreich heißt, agiert diskret, aber wirkungsvoll, indem es beispielsweise ausgehende Post überprüft und Denunziationen abfängt. In Roussillon lebt eine kleine Kolonie von Flüchtlingen unterschiedlicher Art, darunter eine exzentrische irisch-englische Schriftstellerin namens Anna O'Meara Beamish mit ihrer Lebensgefährtin und ab Ende 1943 der französisch-polnische Maler Henri

Henri Hayden: «Roussillon»

Hayden mit seiner Frau Josette. Beckett freundet sich mit Hayden an und spielt abends oft Schach mit ihm.

Da aufgrund eines lange währenden Niedergangs der örtlichen Wirtschaft über die Hälfte der vierhundert Häuser von Roussillon leer stehen, gelingt es Beckett, der nach einigen Monaten telegrafischen Kontakt zu seiner Familie aufnehmen und sich Geld schicken lassen kann, ein dreihundert Meter außerhalb des Dorfes liegendes Haus zu mieten. Gegen Naturalien arbeitet er als Knecht für zwei Bauern, Bonnelly und Aude. Die Abende und Nächte aber nutzt er, um die Arbeit an seinem Roman *Watt* fortzusetzen, *um dranzubleiben*[155] – und wohl auch *als Therapie*[156], um nicht den Verstand zu verlieren und *um vor dem Krieg und der Besatzung zu fliehen*[157].

Die in Becketts Kindheit weisenden Elemente von *Watt* haben gewiss auch die Funktion, auf Distanz zu seiner schwer erträglichen Lebensrealität während der Niederschrift zu gehen, doch abgelöst werden diese Tendenzen sehr bald durch einen extremen Hang zu formalen Exerzitien, die den Roman bisweilen wie eine überdrehte Stilübung wirken lassen, mit der gleichzeitig die Ratio ad absurdum geführt wird. Mit gewaltigem Systematisierungseifer stemmt Beckett sich offenbar gegen den Zusammenbruch aller Ordnungen der vermeintlich zivilisierten Welt. Besonders deutlich wird das bei den zahlreichen Aufzählungen im Roman, die sich stets bemühen, alle möglichen Fälle zu berücksichtigen, selbst jene, die nur noch den Gesetzen formaler Logik und nicht mehr denen inhaltlicher Stimmigkeit gehorchen – zum Beispiel: *Mr. Knott war für die Anordnung nicht verantwortlich, wußte aber, daß er für die Anordnung verantwortlich war, wußte aber nicht, daß es solche Anordnung gab, und war zufrieden.*[158] Der Roman *Watt* erschreibt in vielen Passagen ein Zwangs- und Wahnsystem; der Irrsinn, der in *Murphy* auf der Handlungsebene ins Spiel kam, zieht in *Watt* direkt ins Erzählbewusstsein ein.

Watt entspricht aber nicht nur einem Impuls der Flucht (aus der Realität, der zerberstenden Außenwelt), sondern auch einem Impuls des stoischen Standhaltens, weswegen der Roman relativ statisch wirkt. Die Handlung ist stark reduziert, sie erschöpft sich im Grunde darin, dass der Titelheld sich zum Haus von Mr. Knott begibt und dort in der Nachfolge eines gewissen Arsene einen Dienst antritt, dessen Gebräuche ihm Arsene recht rudimentär erklärt. Watts Wahrnehmungsvermögen und seine Auffassungsgabe sind unterentwickelt: *Das wenige, das da zu sehen, zu hören, zu riechen, zu schmecken und zu fühlen war, sah, hörte, roch, schmeckte und fühlte er wie ein Betäubter.*[159] Deswegen durchdringt er vieles von dem, was um ihn her geschieht, nur ansatzweise und ist weitgehend auf Mutmaßungen angewiesen, vor allem Mr. Knott betreffend, dem Watt nur einmal unter mysteriösen Umständen begegnet.

Watt leidet an einer grotesken Entgrenzung seines Bewusstseins, die im Grunde genau das Gegenteil jener Bewusstseinsabgrenzung ist, auf die der Titelheld von *Murphy* aus war; Watt ist praktisch nicht in der Lage, *das, was in Mr. Knotts Haus geschehen war, von dem, was dort nicht geschehen war, und das, was dort gewesen war, von dem, was dort nicht gewesen war, zu unterscheiden*[160]; zusehends gleicht sich sein *persönliches System* demjenigen seines Vorgängers Arsene an, das *so ausgedehnt* ist, *daß es keineswegs leicht war, zwischen dem drinnen Liegenden und dem draußen Liegenden zu unterscheiden. Alles, was geschah, geschah drinnen, und gleichzeitig geschah alles, was geschah, draußen.*[161] Das Chaos der Außenwelt und der zwanghafte Systematisierungseifer der Innenwelt werden ununterscheidbar. Zudem erfahren wir zu Beginn des dritten Kapitels, dass der ganze Roman zwar auf einem Bericht Watts an den Erzähler Sam beruht, allerdings nur zum Teil eine authentische Wiedergabe von Watts Bericht, zum Teil auch eine höchst unzuverlässige Rekonstruktion durch Sam ist. Ich- und Er-Bewusstsein verschwimmen, jede Figur redet von sich selbst unter Umgehung der Vokabel «ich», als wäre von jemand anderem die Rede. Im Grunde freilich ist es gleich, wovon geredet wird, eigentlich hat jedes Reden nur die Funktion, Äußerung zu sein und den Bedingungen des Redens und des sich äußernden Bewusstseins nachzuforschen – *Watt* ist im Kern ein Roman über das Verhältnis des Künstlers zum Stoff, der sich jedem Zugriff entzieht. Dass es Beckett gelingt, diesem hochreflexiven Ansatz bei allen formalen Exerzitien eine aberwitzige Komik abzugewinnen, rührt womöglich von der Notwendigkeit her, beim Schreiben eine Zuflucht vor den desolaten äußeren Bedingungen, unter denen *Watt* entsteht, zu schaffen.[162]

> Eine Form zu finden, die das Chaos beherbergt, das ist jetzt die Aufgabe des Künstlers.
> 1961 zu Tom F. Driver.
> In: Gespräche, S. 50

Als Beckett Ende 1944 *Watt* beendet, hat er schon eine neue nächtliche Beschäftigungstherapie gefunden, um den ihm aufgezwungenen Lebensbedingungen tätig zu begegnen: Er hat sich den lokalen Maquis-Partisanen angeschlossen, die von seinem Nachbarn Aimé Bonhomme geführt werden. Für die Résistance transportiert und versteckt er Waffen, und als die Partisanen nach der Befreiung in Roussillon einmarschieren, marschiert er sogar als Fahnenträger vorweg.[163]

Anfang 1945 kehrt er mit Suzanne in seine Wohnung zurück, die den Krieg *wundersamerweise überstanden*[164] hat, wenn auch ein Teil der Einrichtung verschwunden ist. Für seine Arbeit in der Zelle Gloria SMH erhält er das Croix de Guerre mit goldenem Stern und die Médaille de la Résistance, was er *übertrieben* und *vollkommen unnötig*[165] findet und außer Suzanne niemandem verrät. Unter desolaten äußeren Bedingungen organisiert er sein Leben neu und beginnt wieder zu arbeiten. Für eine Ausstellung der Malerbrüder Geer und Bram van Velde ringt er sich auf Französisch einen langen Essay ab, *Die Welt und die Hose*, in dem er auf betont unkonventionelle Weise das Schaffen der van Veldes als Sieg über die Unmöglichkeit künstlerischen Schaffens feiert: *Das Unbewegliche im Leeren, das ist endlich das Sichtbare, das Objekt. Ich sehe kein anderes. Die Hirnschale hat für diesen Artikel das Monopol.[...] Dort gehen einem endlich die Augen auf, im Dunkeln. [...] In dem Dunkel, das den Geist erhellt. Dort kann der Maler getrost einen Lidschlag wagen.*[166] Beckett ist inzwischen zu der Auffassung gelangt, dass die Kunst kein klärendes Licht in die Welt bringen soll, sondern dunkel und unklärbar bleiben muss. Deswegen wird er sich fortan weigern, sein eigenes Schaffen zu kommentieren, und sich bemühen, die frühere Gelehrsamkeit über Bord zu werfen – doch auf dem Feld der Malerei fühlt er sich als Laie und lässt sich gerade deshalb in

Beckett (vorn, 3. v. l.) mit Ärzten, Rotkreuzhelfern und (auf dem Lastwagen) deutschen Kriegsgefangenen in Saint-Lô; ganz links: Dr. Arthur Darley

den nächsten Jahren mehrmals überreden, kunstkritische Texte zu verfassen, die unter der Hand auch seine Vorstellungen vom eigenen Schaffen preisgeben.

Anfang Mai 1945 beschließt Beckett, Mutter und Bruder zu besuchen und seine finanzielle Situation zu prüfen; Zwischenstation macht er bei Routledge in London, wo er nach aufgelaufenen *Murphy*-Tantiemen fragt (sie sind gering) und *Watt* anbietet (erfolglos, da der Roman als zu wild und unverständlich eingestuft wird). Seine Mutter, die sicht-

lich gealtert ist und an Parkinson leidet, hat unterdessen Cooldrinagh verkauft und sich ganz in der Nähe einen kleinen Bungalow bauen lassen. Während Beckett in Foxrock ist, erhält er die betrübliche Nachricht, dass sein Freund Alfred Péron zwar das Konzentrationslager Mauthausen überlebt hat, aber kurz nach der Befreiung an Entkräftung gestorben ist.

Seinen eigenen Gesundheitszustand lässt Beckett von Dr. Alan Thompson (dem Bruder seines alten Schulfreunds) überprüfen, der außer schlechten Zähnen wenig zu beanstanden findet. Thompson erwähnt bei der Gelegenheit, dass er selbst demnächst in die Normandie reisen werde, um beim Aufbau eines irischen Rotkreuz-Krankenhauses im zerstörten Saint-Lô mitzuwirken, und sofort bemüht sich Beckett, für dieses Projekt engagiert zu werden – er will auf diese Weise die gravierenden Visumprobleme umgehen, die unverhofft seine Rückkehr nach Frankreich verhindern. Er wird als Dolmetscher, Lagerverwalter und Fahrer eingestellt und gehört dem Vorauskommando an, das im August in die Normandie aufbricht.

Saint-Lô, das den deutschen Besatzern als Hauptquartier diente, ist durch alliierte Luftangriffe im Juni 1944 fast völlig zerstört worden: *Von 2600 Gebäuden sind 2000 vollständig ausradiert, 400 schwer und 200 «nur» leicht beschädigt*[167], schildert Beckett McGreevy. Er arbeitet tatkräftig am Aufbau des Krankenhauses mit, ist betont hilfsbereit und entsprechend beliebt und zeigt nichts mehr von der Trägheit und der Selbstisolierung früherer Jahre. In einem Manuskript, das er nach seinem Dienst für den irischen Rundfunk schreibt, aber offenbar nie gesendet wird, betont er die Hoffnung, *daß einige von denen, die in Saint-Lô waren, nach ihrer Heimkehr innewerden, daß sie mindestens so viel Gutes empfangen wie sie hergegeben haben, daß sie tatsächlich etwas empfingen, was sie kaum zu geben vermochten, Blick und Gefühl für den altehrwürdigen Begriff eines Menschseins in Ruinen, und vielleicht sogar eine Ahnung der Bedingungen, unter denen unser Los neubedacht werden muß*[168]. Beckett freundet sich mit etlichen Kollegen an, etwa dem gläubigen Katholiken Dr. Arthur Darley, der sich entweder in Saint-Lô oder schon zuvor in Irland mit Tuberkulose angesteckt hat und mit nur 35 Jahren stirbt, was Beckett zu dem Gedicht *Tod von A. D.* anregt.

Mehrmals fährt Beckett auf den stark beschädigten Straßen Nordfrankreichs dienstlich nach Paris, übernachtet in seiner Wohnung und trifft Freunde. Als er Ende 1945 das Gefühl hat, in Saint-Lô nicht mehr unbedingt gebraucht zu werden, kündigt er zum Jahresende seinen Dienst und kehrt heim – nicht nach Foxrock, sondern nach Paris, wo er fortan bis zu seinem Lebensende wohnen wird.

Sprachwechsel

SCHREIBRAUSCH

Das Paris, in das Beckett zurückkehrt, ist nicht mehr das der Vorkriegsjahre: *Schwer manchmal, noch das Frankreich zu spüren, an dem man hing, an dem ich noch immer hänge. Ich meine nicht die materiellen Bedingungen, die schrecklich sind. Von meinen Almosen kann ich jetzt unmöglich mehr leben.*[169] Beckett und Suzanne richten sich in seiner kleinen Wohnung ein, es herrscht Lebensmittelknappheit, und Suzanne bringt sich und ihren Gefährten nur mühsam über die Runden, indem sie Kleider näht und verkauft. Für Beckett beginnt unterdes *die Belagerung im Zimmer*[170]: ein Schreibrausch sondergleichen. In vier Jahren entstehen vier Erzählungen, vier Romane und zwei Theaterstücke.

Mitte Februar 1946 beginnt er einen Prosatext, den er zunächst *Suite* nennt, später aber in *Das Ende* umbenennt. Die ersten 29 Seiten schreibt er auf Englisch, dann orientiert er sich um und macht in französischer Sprache weiter. Zwar hat Beckett schon in den dreißiger Jahren Gedichte und Übersetzungen ins Französische verfertigt, doch nun beginnt er abrupt, literarische Prosa direkt in jener Sprache zu verfassen, die er inzwischen im Alltag spricht. Nicht die Vertrautheit freilich ist es, deretwegen er zum Französischen wechselt, sondern die immer noch bestehende Fremdheit. Dem *anglo-irische[n] Redeschwall und dessen Automatismen*[171], die ihm allzu vertraut sind, möchte er entkommen und sich in eine Sprache flüchten, die – wie er bereits in *Traum von mehr bis minder schönen Frauen* feststellte – *ohne Stil* zu handhaben ist: *Vielleicht können das nur die Franzosen. Vielleicht kann, wonach man verlangt, nur die französische Sprache geben.*[172] Der Sprachwechsel erleichtert es Beckett, sich zu disziplinieren, sich bewusst *noch ärmer zu machen*[173] und damit der Axel Kaun gegenüber geforderten *Literatur des Unworts*[174] zu nähern.

Noch bevor Beckett die Erzählung *Suite* fertig hat, reicht er Jean-Paul Sartre (den er aus gemeinsamen Zeiten an der École Normale flüchtig kennt) die erste Hälfte für dessen Zeitschrift «Les Temps modernes» ein, wo sie im Juli gedruckt wird. Allerdings ist Sartre der irrigen Ansicht, es handele sich schon um die komplette Erzählung, und weigert sich, in der nächsten Ausgabe den Schlussteil nachzutragen. Immerhin veröffentlicht er im November dann noch Becketts *Poèmes 1937–1939*. Unterdes hat Beckett wie entfesselt weitergeschrieben. Zwischen Juli und Oktober 1946 entsteht der Roman *Mercier und Camier*, der die grotesken Versuche der Titelhelden schildert, aus einer Stadt (identifizierbar als Dublin) aufzubrechen, in die sie jedoch wider Willen stets zurückkehren. Der Roman ist sprachlich und in vielen Handlungselementen recht leichtfüßig gehalten; die beiden Protagonisten ergeben ein clowneskes Paar, dessen Dialoge voller Wortspiele und Slang-Floskeln sind, als wolle Beckett mit diesem Buch ausprobieren, wie gut er seine neue Schreibsprache schon beherrscht. Am Ende des Romans sind die keineswegs mundfaulen Titelhelden daran gescheitert, dass sie *über alles miteinander gesprochen* haben, *außer über uns selbst*[175] – der Ich-Konfrontation sind sie ausgewichen.[176]

Der namenlose Held von *Das Ende* ist da schon weiter, denn er berichtet seine unspektakulären Abenteuer in Ichform, wie gleich der Eingangssatz deutlich macht: *Sie kleideten mich und gaben mir Geld.*[177] Am Ende seines Berichts denkt er *ohnmächtig und ohne Bedauern an den Bericht, den ich beinahe gemacht hätte, einen Bericht nach dem Bilde meines Le-*

Der «alte Heerweg» (M&C, S. 110) über die Hochheide der Wicklow-Berge ist Schauplatz der Trennung von Mercier und Camier.

bens, ich meine, ohne den Mut zu enden und ohne die Kraft weiterzumachen[178]; sein Autor Samuel Beckett immerhin macht weiter und bringt gleich im Anschluss an *Mercier und Camier* drei weitere Erzählungen zu Papier, die den Gestus von *Das Ende* fortführen: zunächst *Der Ausgestoßene*, dann *Erste Liebe* und schließlich *Das Beruhigungsmittel*. Alle vier Erzählungen ähneln sich in ihrem Handlungsmuster: Die Hauptfigur, ganz auf sich zurückgeworfen, versucht sich wahrnehmend und erinnernd in einer Art Restexistenz zu orientieren. Kümmerliche Bildungsrelikte (*ich bedaure, ich war belesen*[179]) desavouieren sich selbst in einem stockenden Monolog, der kaum über einfachste Umstände Gewissheit zu schaffen vermag. Am Ende der Texte wird stets die Vergeblichkeit und Beliebigkeit des soeben Erzählten unterstrichen: *Ich weiß nicht, warum ich diese Geschichte erzählt habe. Ich hätte ebensogut eine andere erzählen können.*[180]

Die vier Erzählungen sind durchsetzt mit Erinnerungsfragmenten Becketts, was offensichtlich Methode hat. Gleich zu Anfang von *Der Ausgestoßene* lesen wir: *Sie bringen einen um, die Erinnerungen. Man soll also nicht an gewisse Dinge denken, an die Dinge, die einem am Herzen liegen, oder vielmehr, man soll doch daran denken, denn wenn man nicht daran denkt, riskiert man, sie nach und nach in seinem Gedächtnis wiederzufinden. Das heißt, man soll eine Weile daran denken, eine ganze Weile, jeden Tag und mehrmals am Tage, bis der Schlamm sie mit einer undurchdringlichen Schicht bedeckt.*[181] Hier wird Prousts Loblied auf die unwillentliche Erinnerung geradewegs umgedreht und mit Schopenhauer gekontert; Erinnerung ist für Beckett kein *köstliches Aufflammen*[182], sondern ein sengender Schmerz, dem man nicht entkommen kann, der sich aber durch Abstumpfung ertragen lässt. Wer den Schmerz innerlich auf Distanz halten und so überleben will, darf also nicht fliehen, sondern muss die Konfrontation suchen. Belacqua hatte dergleichen schon in der Erzählung *Bammel* theoretisch zu begründen versucht, doch die praktische Durchführung wird Becketts Helden erst in dem Moment möglich, wo sie in der Ich-Erzählrede mit sich selbst konfrontiert werden.[183]

Diese Konfrontation ist nicht nur ein innerfiktionales Hilfsmittel, sondern ein neuer Schreibimpuls des Autors persönlich. Hintergrund ist eine biographische Begebenheit, die Beckett später in *Das letzte Band* als Erinnerung des alten Krapp bruchstückhaft ausgestaltet. Bei einem seiner Irland-Aufenthalte gleich nach Kriegsende erkennt Beckett in einer Art Vision oder Offenbarung, dass er sich dem *Dunkel, mit dem ich immer gekämpft hatte, um es zu bezwingen*[184], stellen und es als Quelle seiner Kunst nutzen muss. Das sei wie *der Entschluss, nackt herumzulaufen*[185], sagt Beckett später. *Bis dahin hatte ich geglaubt, dem Wissen vertrauen zu dürfen, mich im intellektuellen Bereich ausrüsten zu müssen. An dem Tag ist mir alles zusammengebrochen [...], an dem ich meine Dummheit erkannt habe. Von da an begann ich zu schreiben, was ich fühle. [...] Ich erkannte die Welt, die ich erschaffen mußte, um atmen zu können.*[186] Diese Erkenntnis ist zugleich die endgültige Abkehr von Joyce: *Ich erkannte, daß Joyce, so weit es eben geht, vorgedrungen ist in Richtung des Mehr-Wissens, der Beherrschung seines Materials [...]. Ich erkannte, daß meine Eigenart in der Verarmung lag, im Mangel an Wissen und im Wegnehmen, im Abziehen eher als im Hinzufügen.*[187]

Im Gegensatz zu Krapp erlebt Beckett diese Erleuchtung, die eine Akzeptanz der Dunkelheit ist, nicht in der dramatischen Szenerie der Hafenmole von Dun Laoghaire, sondern *im Zimmer meiner Mutter*[188]. Beckett selbst hat als Zeitpunkt des Vorfalls wiederholt den *Sommer 1945*[189] angegeben, was allerdings unwahrscheinlich ist, zumal Becketts Behauptung, er habe sich dann sogleich an die Niederschrift von *Molloy* gemacht[190], dazu nicht passt: *Molloy* beginnt er zwar in der Tat im Haus seiner Mutter, aber erst im Mai 1947. Am ehesten könnte sich der Vorfall bei Becketts Irland-Besuch zu seinem vierzigsten Geburtstag im April 1946 ereignet haben[191], als *Das Ende* zumindest teilweise schon geschrieben ist. So singulär, wie Beckett es darstellt, ist die Offenbarung ohnehin nicht; die ostentative Gelehrsamkeit seiner frühen Jahre hat er bereits in London seinen Texten ausgetrieben, und die gleichzeitige Therapie bei Bion nahm die Konfrontation mit den dunklen Seiten der eigenen Vergangenheit bereits vorweg, wenn sie damals künstlerisch auch noch nicht unmittelbar umzusetzen war.

Ende 1946 hat Beckett seine vier Erzählungen abgeschlossen und hofft, sie als Buch beim Verlag Bordas lancieren zu können, der seine *Murphy*-Übersetzung publiziert – allerdings mit so schlechter Resonanz, dass der Verlag von der Option auf weitere Arbeiten zurücktritt. Im Januar und Februar 1947 schreibt Beckett zur Entspannung von der anstrengenden Prosaarbeit das Theaterstück *Eleutheria*, einen ausufernden Zweiakter, der eine zweigeteilte Bühne und siebzehn Schauspieler erfordert. Das Stück ergeht sich in provokativen Wortwechseln (Monsieur Krap herrscht seinen ungebetenen Gast Doktor Piouk an: *Ich frage mich, wozu Sie in dieser Komödie gut sein werden*[192]) und artet schließlich zu einer klamaukhaften Publikumsbeschimpfung aus, an deren Ende der lethargische Victor Krap verkündet: *Zuerst war ich Gefangener der andern. Darauf habe ich mich von ihnen getrennt. Dann war ich mein eigener Gefangener. Das war noch schlimmer. Darauf habe ich mich von mir getrennt.*[193] Das entspricht weitgehend der altbekannten Belacqua-Haltung, über die Beckett zu diesem Zeitpunkt eigentlich hinaus ist.

Suzanne bietet das Stück dennoch bei Pariser Theatern an, während Beckett nach kurzem Verschnaufen erneut im Schreibrausch der Prosa versinkt. Anfang Mai beginnt er in Irland den Roman *Molloy*, dessen Eingangspassage mit dem Satz *Ich bin im Zimmer meiner Mutter*[194] allerdings erst nachträglich eingefügt wird. In Paris zurück, schreibt er nachts daran weiter, tagsüber schläft er. Anfang November 1947 ist das Buch fertig, doch schon Ende des Monats stürzt Beckett sich in den nächsten Roman, der zunächst *Der Abwesende* heißen soll, dann aber *Malone stirbt* getauft wird. *Ich bin abgespannt, durch zuviel Schreiben vermutlich*, meldet Beckett an McGreevy, sein Leben sei *ruhig und kärglich, ohne Freunde, nur mit Arbeit, die ihm Bedeutung verleiht.*[195] Die finanzielle Situation ist so desolat, dass Beckett zwischendurch Englischunterricht geben und Übersetzungsaufträge annehmen muss, doch energisch und ohne Rücksicht auf seine körper-

> Das ist nicht so schlimm, nicht veröffentlicht zu werden. Man schreibt ja, um atmen zu können.
> Samuel Beckett, 1973.
> In: Juliet, S. 22

liche Erschöpfung schreibt er an *Malone stirbt* weiter: *Endlich sehe ich ein bißchen klar, worum es in meinen eigenen Arbeiten geht, und ich habe, fürchte ich, vielleicht noch zehn Jahre Mut und Energie, um alles zu schaffen. Das Gefühl, sich der Vollkommenheit anzunähern, hat schon etwas Merkwürdiges, wenn man in seinem Bemühen um Ausdruck so viele Jahre im dunkeln getappt hat.*[196] Er sieht *Malone stirbt* als Ende einer Romanfolge, die mit *Murphy* begonnen hat; im Mai ist auch dieser Roman beendet, und Beckett verfällt in einen fast euphorischen Zustand. Offensichtlich fühlt er sich an einem Ziel angelangt.

Während er die beiden Romane abtippt, erledigt er Übersetzungen für die Zeitschrift «transition», die von Georges Duthuit (dem Schwiegersohn des Malers Henri Matisse) neu gegründet und zu einem Kunstmagazin umgewandelt worden ist. Mit Duthuit führt Beckett leidenschaftliche Diskussionen über zeitgenössische Künstler, aus denen er schließlich für «transition» den Text *Drei Dialoge* destilliert. Darin führt er die Malerei Bram van Veldes, der inzwischen sein engster Freund ist, als Musterbeispiel für

Bram van Velde, 1958

seine Überzeugung an, *daß Künstler sein in einem Maße Scheitern ist, wie kein anderer zu scheitern wagt, daß das Scheitern seine Welt ist und seine Weigerung Desertion, Kunstgewerbe, gute Haushaltsführung, leben*[197].

Im August 1948 erholt Beckett sich in Irland, wandert sich in den Bergen müde, trifft alte Freunde wie McGreevy und Jack Yeats und berauscht sich an den Augen seiner Mutter – *Ich brauche keine anderen zu sehen; darin ist genug, einen lieben und weinen zu machen.*[198] Ebenfalls *zur Entspannung, um von der Wildheit und Regellosigkeit* der Romanproduktion *wegzukommen*[199], schreibt er anschließend ein zweites Theaterstück, das im Januar 1949 fertig ist: *Warten auf Godot*. Seine Hoffnung, *Malone stirbt* möge Ziel und Abschluss seiner Romanserie bleiben, wird allerdings durchkreuzt durch den Impuls, einen weiteren, noch ambitionierteren Roman zu

Jack Yeats in seinem Atelier

schreiben, dessen Niederschrift ihn so mitnimmt, dass seine Freunde sich um ihn zu sorgen beginnen – von März 1949 bis Januar 1950 arbeitet er an *Der Namenlose*. Erst mit dem Abschluss dieses Buches ist die Romantrilogie komplett, die den Höhepunkt im Schaffen Becketts darstellt.

«Molloy», «Malone stirbt», «Der Namenlose»

Mit der Romantrilogie stellt sich Beckett den Abgründen der eigenen Person, und er tut es, indem er seine Erzähler so weit reduziert, dass sie nichts anderes mehr tun, als zu erzählen. Es gibt kein anderes Thema mehr als die Qual des Erzählens selbst und die Person dessen, der erzählt; eine Ausflucht ist nicht möglich, weil es keine objektive Außenwelt mehr gibt, in der das Subjekt von sich selbst ablenken könnte. *Denn was bleibt an Repräsentierbarem, wenn es das Wesen des Objekts ist, sich der Repräsentation zu entziehen?* Das fragt Beckett sich in einem seiner Essays zur Malerei und gibt die Antwort: *Zu repräsentieren bleiben die Bedingungen des Sich-Entziehens.*[200]

Die Objektwelt entzieht sich, weil es keine objektive Wahrnehmung mehr geben kann. Schon in seinen Belacqua-Texten hat Beckett mit Wahrnehmungsmechanismen gespielt, etwa wenn seine Figuren die Augen schließen, um bestimmte Dinge nicht und andere doch zu sehen; Murphy müht sich, *nichts zu sehen, diese Farblosigkeit, die [...] weniger die Abwesenheit [...] von percipere als von percipi ist*[201]; Watt kann durch eine *lebhafte Sinnesempfindung*[202] ein Geschehen wahrnehmen, das sich nur in seinem Kopf abspielt. All das sind aber Versuche, durch Wahrnehmungsmanipulation dem Ich zu entfliehen; in der Romantrilogie stellen die Erzähler sich dem Ich.

Molloy beginnt zu reden, indem er *Ich* sagt und sich in der wahrnehmbaren Außenwelt situiert: *Ich bin im Zimmer*

May Beckett um die Zeit, als ihr Sohn in ihrem Haus «Molloy» zu schreiben beginnt

meiner Mutter. Ich wohne jetzt selbst darin. Wie ich hierhergekommen bin, weiß ich nicht. [...] Vielleicht habe ich es diesem Mann, der jede Woche erscheint, zu verdanken, daß ich hier bin. Er streitet es ab. Er gibt mir etwas Geld und nimmt das Geschriebene mit sich. So viele Seiten, so viel Geld.[203] Molloy weiß also wenig und versteht noch weniger, doch er kommt der Verpflichtung nach, Worte zu äußern – das ist gleichsam der Drang zu künstlerischem Schaffen, auf seine rudimentärste Form reduziert. Und Molloy redet – als erster Erzähler Becketts – *im Präsens, es ist so leicht, das Präsens zu gebrauchen, wenn es sich um die Vergangenheit handelt*[204]. Das Ich konfrontiert sich mit der eigenen Vergangenheit (die es redend rekonstruiert), indem es sie sich vergegenwärtigt und akzeptiert, dass *alles, was ich auch tun, das heißt, sagen mag, in gewisser Weise immer dasselbe sein wird*[205]: Das heißt, dass das Ich immer nur von sich selbst und seinen Zwängen reden kann.

Molloy ist bettlägerig und erzählt, wie dieser Zustand entstanden ist – sein Bein wurde steif, er büßte sein Fahrrad ein, konnte sich schließlich nur noch kriechend fortbewegen. Sein Monolog endet mit dem untauglichen Versuch, sich wieder von sich selbst zu distanzieren, durch Gebrauch der dritten Person und des Präteritums: *Molloy konnte da bleiben, wo er war.*[206] Dann folgt der zweite Teil von *Molloy*, der Monolog eines gewissen Moran, der den Auftrag hat, Molloy zu suchen, und dem Gesuchten dabei immer ähnlicher wird – am Ende hat auch er ein steifes Bein und kein Fahrrad mehr. Auch Morans Monolog beginnt mit der Situierung in der Außenwelt mittels Wahrnehmung: *Es ist Mitternacht. Der Regen peitscht gegen die Scheiben. Ich bin ruhig. Alles schläft.*[207] Am Ende kehrt er zu diesem Punkt zurück, negiert freilich den Wahrnehmungsmodus, an dessen Stelle der Ausdrucksmodus tritt, die kreative Lüge: *Ich habe von einer Stimme gesprochen, die mir dies oder das anbefahl. [...] Ich habe sie verstanden, ich verstehe sie, wenn auch vielleicht falsch. [...] Auf ihr Geheiß schreibe ich den Bericht. Soll das bedeuten, daß ich jetzt freier bin? Ich weiß es nicht. Es wird sich zeigen. Dann ging ich in das Haus zurück und schrieb «Es ist Mitternacht. Der Regen peitscht gegen die Scheiben.» Es war nicht Mitternacht. Es regnete nicht.*[208] Moran ist ein Geschichtenerfinder.[209]

Um die kreative Lüge und das Erfinden von Geschichten, also um die Bedingungen und Möglichkeiten des Ausdrückens, kreist der nächste Roman, *Malone stirbt*. Malones körperlicher Verfall ist gegenüber Molloys noch weiter fortgeschritten, und gleich im ersten Satz entwirft er das baldige Ende: *Ich werde endlich doch bald ganz tot sein. Vielleicht nächsten Monat. Es wäre dann April oder Mai. [...] Es kann sein, daß ich mich täusche und daß ich Johannis überlebe und sogar den 14. Juli, das Fest der Freiheit.*[210] Wie schon in diesen ersten Zeilen ist Malones Monolog von einem Gestus der ständigen

Rücknahme des einmal Gesagten geprägt, was daran liegt, dass der Redeakt hier nicht eigentlich ein Schaffens-, sondern ein Auslöschprozess ist. *Aber meine Notizen neigen, wie ich endlich begriffen habe, leider dazu, alles, was sie sozusagen betreffen sollen, verschwinden zu lassen*[211], erkennt Malone später. Ihm bleibt nichts anderes, als Worte in die Welt (die eigentlich nur sein eigener Schädel ist) zu setzen, aber eben diese Worte sind ihm suspekt, er widerruft und verleugnet sie fast unentwegt; er versucht sich (in der Tradition früherer Beckett-Helden) daran, den Zusammenhang seiner Geschichten mit dem eigenen Ich zu verleugnen, muss freilich einsehen, dass das nicht möglich ist und dass selbst Lügengeschichten die Wahrheit über denjenigen, der sie erzählt, aussagen: *[...] was ist wahr von diesem ganzen Geschwätz? Ich weiß nicht. Ich glaube nur, daß ich nichts sagen kann, was nicht wahr wäre, ich meine, was mir nicht schon geschehen wäre, es ist nicht dasselbe, aber das macht nichts.*[212] Schon zuvor hat er sich gefragt, *ob es nicht immer noch ich bin, um den es sich handelt, all meinen Vorkehrungen zum Trotz. Werde ich bis ans Ende unfähig sein, über etwas anderes zu lügen?*[213] Später, kurz vor seinem Ende, unternimmt Malone verzweifelt Versuche, von seinem Ich abzusehen (*Nichts mehr über mich. Ich sage nicht mehr ich*[214]), doch das kann nicht gelingen, und so findet sich sein letztes *ich*[215] noch auf der allerletzten Seite von *Malone stirbt.*[216]

Nachdem Beckett *Malone stirbt* geschrieben hat, glaubt er zunächst, damit einen Endpunkt erreicht zu haben, doch zum Kern der kreativen Selbstbespiegelung des Künstlers ist er noch nicht vorgedrungen. Mit *Molloy* hat er gewissermaßen die Wahrnehmung der Außenwelt erledigt und überwunden, mit *Malone stirbt* hat er den Ausdruck von Innenwelten zum Thema gemacht und an ihr Ende geführt. Er geht aber dann doch mit *Der Namenlose* noch einen Schritt

In der Rue des Favorites in Paris, wo Beckett von 1938 bis 1961 wohnt, entsteht der größte Teil der Romantrilogie.

weiter, indem er nämlich zu einer von allen Themen und Gegenständen abstrahierenden Selbstreflexion ansetzt, die den Bedingungen allen Wahrnehmens und Ausdrückens nachspürt. In diesem Text wird schlichtweg alles infrage gestellt, jede Feststellung, jede Behauptung und jede Formulierung; das Ich zerfällt zu einem Knäuel von Möglichkeiten, die allenfalls negiert, aber niemals gültig bestätigt werden können. Der Roman beginnt deshalb mit grundlegenden Fragen, auf die es keine eindeutigen Antworten mehr gibt: *Wo nun? Wann nun? Wer nun? Ohne es mich zu fragen. Ich sagen. Ohne es zu glauben. [...] Ich scheine zu sprechen, es ist nicht ich, über mich, es ist nicht über mich.*[217]

Die Textstimme in *Der Namenlose* ist namenlos, weil im eigentlichen Sinne nichts mehr benennbar, nichts mehr festlegbar, nichts mehr definierbar ist. Es gibt nur das, was die Sprache schafft, aber die Sprache kann nur schaffen, was das auf sich selbst zurückgeworfene Bewusstsein wahrnimmt: *[...] ich sage, was ich höre, ich höre, was ich sage*[218]. Es gibt keine Orts- und Zeitbestimmung mehr, und es gibt nichts, was nicht Ich wäre: *[...] woanders bin ich nie gewesen, hier ist mein einziges Woanders, ich bin es, der dies macht, und ich bin es, der es erleidet, es ist nicht anders möglich, es ist so nicht möglich*[219]. Es gibt nur noch den Text, der als solcher Ort und Stimme von etwas ist, das nicht bestimmt, sondern nur im Sprechakt geschaffen werden kann. Der Sprechakt als solcher aber ist irreversibel, *das einmal gebrochene Schweigen wird nie wieder heil*[220], darum kann der Namenlose mit dem einmal begonnenen Sprechen nicht wieder aufhören. Er kann höchstens – freilich erfolglos – versuchen, sich vom Sprechakt zu distanzieren, indem er leugnet, Ich zu sein (*Es ist übrigens nicht mehr ich*[221]), oder dem gleichsam aus der eigenen Verantwortung ausgelagerten Ich versuchsweise Namen gibt (*Es ist immer noch Mahood, der spricht*[222]). Das sind jedoch alles Täuschungsmanöver, die nicht weit tragen.

In *Der Namenlose* macht Beckett das Funktionieren der künstlerischen Imagination als solches zum Thema, indem er versucht, es ganz von außerliterarischen Bezügen und Einflüssen abzuschließen. Es existiert nichts außer der Notwendigkeit, zu schaffen – durch die Äußerung von Worten: *Alles ist letzten Endes auf Worte zurückzuführen, das darf man nicht vergessen, ich habe es nicht vergessen. Ich habe es sagen müssen, da ich es sage. Ich habe in einer gewissen Art [...] zunächst von dem zu sprechen, der ich nicht bin, als ob ich es wäre, dann als ob ich es wäre, von dem, der ich bin.*[223] Es entstehen logische Zirkelschlüsse wie der von Müssen und Tun; wenn der Künstler etwas schafft, so tut er es in Erfüllung einer zwanghaften Verpflichtung, eines ihm aufgegebenen Pensums. In *Drei Dialoge* ist Beckett so weit gegangen, als einzig authentischen künstlerischen Ausdruck den Ausdruck der unmöglichen Aufgabe des Künstlers zu preisen – den *Ausdruck, daß da nichts ist auszudrücken, nichts womit auszudrücken, nichts woher auszudrücken, keine Kraft auszudrücken, kein Verlangen auszudrücken, zusammen mit dem Zwang, auszudrücken*[224]. In *Der Namenlose* bringt Beckett sogar den *Begriff der Nötigung*[225] ins Spiel, um das Zwanghafte des Schaffensprozesses zu bezeichnen. Am Ende des Romans dann versiegt der Imaginationsprozess, auch wenn der Zwang zum Weiterführen der künstlerischen Selbstbespiegelung damit nicht endet: *[...] man muß weitermachen, ich kann nicht weitermachen, man muß weitermachen, ich werde also weitermachen, man muß Worte sagen, solange es welche gibt*[226]. Hier fallen nun Verpflichtung zum Schaffen und Unmöglichkeit des Schaffens in eins; mit dem Abschluss von *Der Namenlose* hat Beckett zwar sein eigentliches Thema gefunden (nämlich das künstlerische Schaffen selbst), den dafür notwendigen Stoff (die Abgründe der eigenen Biographie) aber bis auf weiteres erschöpft.[227]

> Die französischen Arbeiten brachten mich an den Punkt, wo ich das Gefühl hatte, daß ich immer dasselbe sagte. Bei einigen Autoren wird das Schreiben um so leichter, je mehr sie schreiben. Bei mir wird es immer schwieriger.
> Samuel Beckett, 1956.
> In: Birkenhauer, S. 102

Mit der Romantrilogie hat Beckett die beiden Lehren aus der «Offenbarung», die er im Haus seiner Mutter erlebte, beherzigt. Erstens hat er sich den dunklen Seiten seiner Psyche gestellt: Details aus seiner Vergangenheit tauchen im Textfluss auf und gehen darin unter, und keine noch so unangenehme Regung, Erinnerung oder Befindlichkeit wird unterdrückt. Zweitens hat er allen Ballast in Form von Bildung, Kunstfertigkeit und handwerklichem Können über Bord geworfen: Anspielungen philosophischer oder literarischer Herkunft werden, soweit sie noch vorhanden sind, von der sprachlichen Eigendynamik der Texte zerrieben und dienen nirgendwo dem Verständnis, sondern sind höchstens Zielscheibe von Spott und Komik, und auf jede Art von souveräner Textbeherrschung durch den Autor wird verzichtet. *Bei meiner Arbeitsweise bin ich nicht Herr über mein Material*[228], wird Beckett später feststellen und sich deshalb grundsätzlich weigern, sein Schaffen zu erklären. Die Romane sind genau das, wozu sie sich beim Schreiben entwickelt haben, und keineswegs Umsetzungen vorher ausgetüftelter Überlegungen: *Ich hätte keinen Grund gehabt, meine Romane zu schreiben, wenn ich deren Thema auch in philosophischen Begriffen hätte ausdrücken können.*[229] Die Trilogie entspringt in extremem Maße dem Bedürfnis, etwas in Worten zu schaffen bei gleichzeitigem Misstrauen dem Wort gegenüber: *Jedes Wort ist eine Lüge [...]. Eigentlich müßte man schweigen – und dennoch der Zwang, sprechen zu müssen!*[230] Becketts Helden haben sich deswegen noch weniger unter Kontrolle als diejenigen Kafkas: *Der Kafkasche Held verfügt über eine Kohärenz des Wollens. Er ist verloren, aber er ist geistig nicht im Unsicheren, er zerfällt nicht. Meine Leute scheinen in ihre Teile zu zerfallen. [...] Ich glaube, wer heute seiner eigenen Erfahrung auch nur die geringste Aufmerksamkeit schenkt, wird feststellen, dass es die Erfahrung eines Nichtwissers ist.*[231]

«Godot» und die Folgen

Wenn Beckett bei den Romanen die Kontrolle des Schaffensprozesses weitgehend abgibt, so ist das einer der Gründe, warum die Niederschrift ihm solche Mühe bereitet. Die Arbeit an den Romanen ist äußerst zehrend; als *herrliche, befreiende Abwechslung*[232] und *um mich von der Dunkelheit der Prosa zu erholen*[233], wendet Beckett sich der Bühne zu, die ihm *einen bewohnbaren Raum*[234] eröffnet. Dieser *Raum* des Theaters bietet einen formalen Rahmen, einen Schauplatz außerhalb des Bewusstseins, der sich mit Geschehen füllen lässt, das auf Distanz zum Autor bleibt. Freilich geschieht in *Warten auf Godot* gerade kaum etwas; programmatisch sind die ersten Worte, die auf der Bühne gesprochen werden: *Nichts zu machen.*[235] Vladimir (Didi) und Estragon (Gogo) befinden sich auf einer Bühne, die leer ist bis auf einen einzelnen Baum (dieses Bühnenbild ist eine Umsetzung des Gemäldes «Zwei Männer in Betrachtung des Mondes» von Caspar David Friedrich, das Beckett 1937 in Dresden gesehen hat); sie füllen diese Leere mit Gerede, das weitgehend ebenso leer ist, und warten zwei Akte lang vergebens auf jenen Godot, von dem niemand weiß, wer oder was er ist. *Gehen wir!*, sagen sie am Ende jedes Akts, doch die Bühnenanweisung lautet beide Male: *Sie gehen nicht von der Stelle.*[236] Anders als Becketts Romanfiguren sind sie nicht auf der Flucht vor dem Ich, sondern suchen sich redend ihrer Existenz zu versichern: *Wir finden doch immer was, um uns einzureden, daß wir existieren.*[237]

Didi und Gogo *sind Spieler*, hat Beckett erläutert: *Sie spielen Spiele.*[238] Sie ähneln den irischen Landstreichern aus den Stücken Synges, aber auch den Komikern Laurel und Hardy, die Beckett zufolge die *körperlich ideale*[239] Besetzung der Rollen wären; ihre Dialoge sind zudem offenbar Gesprächen nachempfunden, mit denen Beckett und seine Lebensgefährtin sich auf der Flucht im Krieg die Zeit vertrieben. Tatsächlich dient das, was Didi und Gogo sagen und tun, dem Zweck, die endlose Zeit des Wartens zu überstehen, durch sinnentleertes Ritual, durch die Strukturierung einer prinzipiell unbegrenzten Zeitspanne zu rhythmisierten Zeitabschnitten, die zähl- und messbar sind. Durch die Überführung in ein Ritual wird ein eigentlich unerträglicher Dauerzustand erträglich. *Warten auf Godot* ist nicht ein Stück über Godot, weswegen die Frage nach der Identität Godots unerheblich ist; *[...] wenn ich mit Godot Gott gemeint hätte, hätte ich Gott gesagt und nicht Godot*[240], sagt Beckett. *Warten auf Godot* ist ein Stück über das Warten, und in dem Maße, in dem Didi und Gogo ihre Wartezeit strukturieren und ritualisieren, überführt Beckett das Bühnengeschehen in reine Form. *Ich will weder belehren noch verbessern noch den Leuten die Langeweile vertreiben*, erklärt Beckett späterhin sein Theaterschaffen: *Ich will Poesie in das Drama bringen, eine Poesie, die das Nichts durchschritten hat und in einem neuen Raum einen neuen Anfang findet.*[241] Ein solcher neuer Raum und ein solcher neuer Anfang ist für ihn *Warten auf Godot*.[242]

Als das Stück fertig ist, geht Suzanne Deschevaux-Dumesnil damit (wie schon mit *Eleutheria*) bei Pariser Bühnen hausieren. Anfang 1950 hat sie endlich Erfolg; der Regisseur Roger Blin, der Becketts Liebe zu Synge teilt, will eines der beiden Stücke inszenieren und entscheidet sich schließlich für *Warten auf Godot*, weil es leichter zu realisieren ist. Allerdings dauert es über zwei Jahre, bis er ein geeignetes Theater aufgetrieben und die Finanzierung gesichert hat. Unterdessen findet Suzanne nach vielen Absagen in Jérôme Lindon auch einen Verleger für die Romantrilogie; im März 1951 erscheint *Molloy* in Lindons Éditions de Minuit und treibt den jungen Verlag keineswegs in den Ruin, wie Beckett befürchtet, sondern wird von der Kritik begeistert aufgenommen

Lucien Raimbourg als Vladimir, Jean Martin als Lucky, Pierre Latour als Estragon und Roger Blin als Pozzo (v. l.) in der Uraufführung von «Warten auf Godot», 1953

und verkauft sich recht ordentlich; noch im selben Jahr erscheint *Malone stirbt*, 1953 dann *Der Namenlose*. Ende 1952 bringt Lindon auch *Godot* als Buch heraus; auch *Eleutheria* wird angekündigt, doch Beckett zieht das Stück zurück und weigert sich fortan, es publizieren oder aufführen zu lassen.

Am 5. Januar 1953 wird *Warten auf Godot* am Théâtre de Babylone in Paris uraufgeführt. Zunächst ist das Publikumsinteresse nur mäßig, doch als es im Theater zu Tumulten und Prügeleien kommt, wird das Stück zum Stadtgespräch mit phänomenalem Erfolg. Im April stellt Beckett fest: *Habe schon eine Menge Geld damit gemacht (in ein paar Monaten mehr* *als mit all meinen anderen Schriften zusammengenommen) und hoffe ein gutes Stück mehr zu kriegen.*²⁴³ Ein kleines Haus außerhalb von Ussy im Marne-Tal, fünfzig Kilometer von Paris (in Fußmarschdistanz zu seinem Freund Hayden), das Beckett um diese Zeit als Zufluchtsort bezieht, bezeichnet er später als *das Haus, das Godot baute*²⁴⁴.

Tatsächlich stammt das Geld zum Hausbau aus dem Erbe seiner Mutter, die im August 1950 nach längerer Bettlägerigkeit in einem Dubliner Pflegeheim gestorben ist. Beckett verbringt eine Woche am Bett der schwer Demenzkranken; erst als sie ins Koma fällt, weicht er von ihrer Seite: *Mein Bruder braucht mich jetzt mehr. Da habe ich wenigstens das Gefühl, ich nütze jemandem.*²⁴⁵ Beckett nimmt den Tod traumatisch auf und schafft es auch nicht, sich schreibend aus dem Tief herauszuarbeiten, denn *Der Namenlose* hat ihn künstlerisch *in eine Situation gebracht, aus der ich mich nicht herausziehen kann*²⁴⁶: Beckett hat einen Endpunkt erreicht, der keine Fortsetzung erlaubt. Drei Wochen nach dem Tod der Mutter entwirft er zwar ein Stück, das um zwei Figuren in einer Herr-Knecht-Konstellation als *einzige Überlebende* in einer Wüste kreist²⁴⁷, doch damit kommt er nicht weiter. Stattdessen schreibt er ab Weihnachten 1950 ein Jahr lang *sehr kurze fragmentarische Texte auf französisch*²⁴⁸, die den Sprechgestus der Romantrilogie aufgreifen und in eine lautlich-musikalische Form überführen sollen, doch auch diese *Texte um Nichts* sieht Beckett als gescheitert an: *Ich bin nun mal kein professioneller Schriftsteller, drum kann ich nicht immer weitermachen, bis die Herde im Stall ist.*²⁴⁹

Der Erfolg von *Warten auf Godot* verändert Becketts Lebensumstände, praktisch über Nacht ist er berühmt, und so wird ihm das Haus bei Ussy-sur-Marne als Rückzugsort wichtig. Er ist nicht bereit, öffentlich aufzutreten, zumal er sich nicht imstande sieht, sein Schaffen zu kommentieren;

Becketts ummauertes Haus bei Ussy-sur-Marne

gleich nach der *Godot*-Uraufführung weist er Lindon an: *Auf alle Interviewwünsche, gleich woher sie kommen, können Sie, jetzt erst recht, immer «Nein» antworten.*[250] Als er merkt, dass sein bescheidenes Zweizimmerhaus von außen einsehbar ist, umgibt er es mit einer hohen Mauer.

Ich komme mir sehr müde und dumm vor, und zwar in wachsendem Maße, obwohl ich so oft auf dem Lande ausspanne, schreibt Beckett Ende 1953 an McGreevy, *ich habe immer mehr das Gefühl, daß ich vielleicht niemals in der Lage sein werde, etwas anderes zu schreiben.*[251] Patrick Bowles und Richard Seaver aus dem Umkreis der Olympia Press, die *Watt* publiziert, arbeiten unter Becketts Mitwirkung an englischen Übersetzungen von *Molloy* und *Das Ende*, wobei sich rasch zeigt, dass eine solche Mitwirkung mühsamer ist, als wenn Beckett die Übersetzungen gleich selbst fertigt. Fortan wird er fast alle seine Arbeiten selbst ins Englische oder Französische übersetzen, was freilich Zeit raubend und enervierend ist. Selbstübersetzungen bedeuten für Beckett eine Wiederholung der mühseligen Arbeit *ohne das Abenteuer*²⁵². Neue Ideen bleiben aus: *[...] nichts in meinem Kopf außer falschen Zähnen*²⁵³.

Ende Mai 1954 erfährt Beckett, dass sein Bruder Frank unheilbar an Lungenkrebs erkrankt ist, ohne es selbst zu wissen, reist daraufhin für mehrere Monate nach Irland und offenbart Frank schließlich den Befund, weil er die *Atmosphäre von Doppelzüngigkeit und Vorspiegelung*²⁵⁴ nicht erträgt. Am 13. September stirbt Frank; er hinterlässt neben seiner Frau Jean auch zwei Kinder, die sechzehnjährige Caroline und den elfjährigen Edward. Nach seiner Heimkehr zieht Beckett sich nach Ussy zurück und schafft es nur mühsam, sich aus seiner Depression herauszuarbeiten, indem er seine Dramenidee vom Herbst 1950 weiterverfolgt. *Es ist ko-*

Frank Beckett zu Besuch in Ussy bei seinem Bruder Samuel und dessen Lebensgefährtin Suzanne, 1953

misch, sich stark zu fühlen und zugleich am Rand des Zusammenbruchs, schreibt er einer Freundin, *und so fühle ich mich und weiß nicht, was von beiden falsch ist, wohl weder das eine noch das andre. [...] Und denke manchmal, ich werde so fortsabbern bis 80.*[255] Das Stück, an dem er arbeitet, ist das *Endspiel*; gleichzeitig versucht er sich auch wieder an einem Prosatext, und zwar erstmals seit zehn Jahren in Englisch, bricht die Arbeit, die später unter dem Titel *Aus einem aufgegebenen Werk* publiziert wird, aber bald ab.

Unterdes fordert ihn der *Godot*-Erfolg. Der Regisseur Alan Schneider, der das Stück in Amerika inszenieren soll, kommt Ende 1955 nach Paris, um sich instruieren zu lassen; Beckett fliegt mit ihm nach London und erklärt ihm, was an der dortigen Inszenierung alles *falsch* sei. Obwohl Beckett nie bereit ist, zu erläutern, was seine Stücke bedeuten könnten, hat er eine präzise Vorstellung davon, wie sie wirken sollen und wie jedes Detail auf der Bühne umzusetzen ist. *Jede Produktion, die meine Bühnenanweisungen ignoriert, ist ihm völlig inakzeptabel*[256], er wünscht sich gänzliche Kontrolle.

Schneiders *Godot*-Inszenierung steht unter keinem guten Stern. Nachdem zuvor der Versuch gescheitert ist, das Stück mit Buster Keaton als Didi und Marlon Brando als Gogo auf die Bühne zu bringen, wird die Premiere Anfang Januar 1956 in Miami vor einem Publikum, das auf eine unterhaltsame Komödie hofft, zu einem Fiasko. Beckett tröstet Schneider: *Erfolg und Scheitern in der Öffentlichkeit haben mich nie sehr berührt; mit Letzterem bin ich eigentlich viel eher vertraut und habe mein ganzes Schreibleben lang bis ins vorvorige Jahr tief dessen belebende Luft eingeatmet.* Der Erfolg von *Godot* in Paris und London sei *das Ergebnis eines Mißverständnisses [...] oder verschiedener Mißverständnisse*, und vermutlich habe Schneider *besser als sonst jemand* die *wahre Natur* des Stücks *konstatiert*.[257] Eine Neuinszenierung kurz darauf am Broadway wird aber ein sensationeller Erfolg, der Beckett zu einem reichen Mann macht.

Inzwischen schreibt er *eine noch schlimmere Geschichte*²⁵⁸, teilt Beckett Schneider mit – Ende Februar 1956 ist nach langer Arbeit das *Endspiel* in einer Zweiaktfassung fertig, die Beckett jedoch nicht befriedigt, weswegen er das Stück anschließend zu einem Einakter umarbeitet. *Recht schwierig und elliptisch* nennt Beckett das Stück, *unmenschlicher* als *Godot*.²⁵⁹ Von der Komik des *Godot*-Stücks sind nur Reste geblieben, das *Endspiel* ist grimmiger und härter, freilich auch formal und sprachlich weitaus ausgefeilter und kompakter. Es ist ein paradigmatisches Endzeitstück, das zwei Figuren zeigt, die eine kümmerliche Restexistenz ertragen müssen, aus der sie nicht ausbrechen können: *Sie halten ihr «Ding» aus, indem sie sich davon fortprojizieren, Clov nach außen Richtung Weggehen, Hamm nach innen Richtung Sichabfinden.*²⁶⁰ Fluchtimpulse sind vorhanden, werden aber nicht umgesetzt, sondern in Ritualen planmäßig verschlissen.

Mit dem *Endspiel* erreicht Beckett in der Dramatik das, was er mit *Der Namenlose* in der Prosa geschafft hat, er dringt direkt in das Bewusstsein des Ich ein. Der Schauplatz des *Endspiels* ist eine stilisierte Umsetzung des Schädelinneren mit zwei Augenhöhlen an der Wand: *Innenraum ohne Möbel. Trübes Licht. An der rechten und linken Wand im Hintergrund je ein hoch angebrachtes Fensterchen mit geschlossenen Vorhängen.*²⁶¹

> Ich interessiere mich für die Form der Ideen, auch wenn ich nicht an sie glaube. [...] Auf die Form kommt es an.
> Samuel Beckett, 1956.
> In: Birkenhauer, S. 9

Wenn der im Rollstuhl sitzende Hamm zu Beginn ein Taschentuch von seinem Gesicht nimmt und es am Ende wieder darüber breitet, so ist das Taschentuch (*Altes Linnen!*²⁶²) gleichsam der Vorhang vor der Bühne im Kopf. Hamm und Clov spielen nicht nur, wie dies Didi und Gogo taten – sie spielen, dass sie spielen. Das *Endspiel* ist reines Spiel und weist jede Bedeutungszuweisung durch seine formale Perfektion ab; angesichts der hochgradigen formalen Komplexität des Geschehens auf der Bühne kann jede inhaltliche Ausdeutung nur Platitude sein. Im *Endspiel* gebe es *keine Zufälle*, hat Beckett erläutert: *Alles beruht auf Analogie und Wiederholung.*[263] Das heißt auch, dass der Autor hier (über die Form) alles im Griff hat. Ebendeshalb hat das *Endspiel* für Beckett *wirklich Bedeutung, alles andere ist bloß alltäglich*[264]. Das *Endspiel* ist Becketts Ausweg aus dem Alltag.[265]

Flaute

Ein Ausweg aus der Schaffenskrise ist das *Endspiel* jedoch nicht. Wenn das Stück Becketts Dramatik auf jene Stufe hebt, auf die *Der Namenlose* sein Romanschaffen gebracht hat, so heißt das auch, dass ein Punkt erreicht ist, von dem aus zunächst nicht mehr weiterzugehen ist. *Seit fünf Jahren leide ich daran, dass nur mit chronischem Unwillen etwas aus meiner Feder tropft*, klagt Beckett bei Fertigstellung des *Endspiels*. *Vielleicht sollte ich endgültig Feierabend machen.*[266]

Der Anstoß, dennoch weiterzuarbeiten, kommt von außen. Im Sommer 1956 bittet die BBC-Hörspielabteilung Beckett, etwas für ihr Programm zu schreiben, und die Möglichkeit, eine für ihn neue Kunstform auszuprobieren, reizt Beckett sofort. In der Nacht hat er eine *hübsche grauslige Idee voller Wagenräder und schleppender Füße und Schnaufen und Keuchen, was vielleicht, vielleicht auch nicht, zu etwas führen mag*[267]; innerhalb weniger Wochen entwickelt er aus dieser Idee das Stück *Alle, die da fallen*, seinen ersten englischsprachigen dramatischen Text überhaupt. Die Rückkehr zur Muttersprache evoziert offenbar Kindheitserinnerungen, denn Beckett macht den Bahnhof Foxrock zum Schauplatz des Hörspiels, und auch das Thema – christliche Heilsgewissheit, die heftig satirisiert wird – weist zurück auf Becketts Herkunft. Beckett schöpft die Möglichkeiten des für ihn neuen Mediums aus, indem er eine Fülle naturalistischer Geräusche auffährt, dabei den Naturalismus aber sprengt, indem er die Geräuschkulisse überdreht und als Heimsuchung der Figuren ausgestaltet – keine Ruhe findet Mrs. Rooney und klagt lauthals: *[...] dieser alte berstende Schädel. Oh, zerfiele ich doch in Atome, in Atome!*²⁶⁸

Wenig Ruhe findet auch Beckett: *Was ich immer schwerer verkrafte, ist Paris und Leute, und Gerede. Ich schaffe es nicht ohne zu trinken, und allein bin ich ganz zufrieden mit ein paar Glas Wein zum Essen.*²⁶⁹ Sooft es geht, zieht er sich nach Ussy zurück, meist ohne Suzanne, die zunehmend ihr eigenes Leben führt. Beckett versinkt in Isolation und Depression. *Ich bin mürrisch, mundfaul, brüte vor mich hin, ohne jemals richtig zu denken*, klagt er und findet es schwer, *durch das Leben zu gehen mit einem so entfremdeten Selbst*.²⁷⁰ Zudem leidet er unter einem Mundhöhlenabszess, dessen Operation er lange hinauszögert. *Keine Höhen mehr, keine Tiefen mehr, Flaute.*²⁷¹ Trotz Becketts Ruhm findet sich in Paris kein Theater, das das *Endspiel* aufführen will, sodass die Uraufführung der französischen Urfassung unter Blins Regie schließlich im April 1957 in London erfolgt. Beckett ist bei den Proben dabei, reist aber wie stets vor der Premiere ab und sieht sich einem nicht enden wollenden Pensum an Selbstübersetzungen gegenüber.

Aus Dublin kommen schlechte Nachrichten: Jack Yeats stirbt, Ethna MacCarthy ist unheilbar an Kehlkopfkrebs erkrankt. Das Gefühl, alle alten Freunde zu verlieren, regt Beckett zu einem weiteren Hörspiel an, *Aschenglut*, einem komplexen Text, der die Spaltung eines trauernden Bewusstseins in einen passiv erinnernden und einen aktiv heraufbeschwörenden Teil umzusetzen sucht. Noch während der Arbeit daran hat Beckett die Idee zu einem weiteren Hör-

Seine Vision der Nachkriegsjahre verlegt Beckett für
«Das letzte Band» in den Hafen von Dun Laoghaire.

spiel, inspiriert durch die brüchige Stimme des Schauspielers Patrick Magee, der in der BBC Beckett-Texte liest. Während der Sendung ist Becketts Radioempfang gestört, deshalb lässt er sich eine Bandaufnahme kommen und macht sich mit der Technik eines Tonbandgeräts vertraut – was ihn auf den Gedanken bringt, sein Schreibvorhaben nicht als Hörspiel, sondern als Bühnenstück zu konzipieren: *Das letzte Band* wird zum Bühnenmonolog des alten Krapp, der jedes Jahr an seinem Geburtstag ein Tonband bespricht, nachdem er die Bänder früherer Jahre abgehört hat. Diese Konstellation gibt Beckett die Möglichkeit, verschiedene Bewusstseinsschichten einer Person praktisch miteinander in einen Dialog treten zu lassen, wobei der alte Krapp seine eigenen früheren Aussagen teils ungeduldig kommentiert, teils auch sehnsüchtig nachzuempfinden versucht. In *Das letzte Band* baut Beckett nicht nur seine Nachkriegsvision ein, sondern auch Reminiszenzen an den Tod der Mutter und an seine Jugendlieben Ethna MacCarthy und Peggy Sinclair. Entsprechend *hübsch traurig und sentimental* fällt das Stück aus: *Die Leute werden sagen: Meine Güte, da zirkuliert ja doch Blut in den Adern dieses Mannes, man hätte es nicht für möglich gehalten; offenbar wird er alt.*[272]

Im Sommer macht Beckett mit Suzanne Urlaub in Jugoslawien, um die dort aufgelaufenen Tantiemen zu verbrauchen, und springt an der Adria *von hohen Felsen mit dem gleichen Vergnügen wie als Zehnjähriger*[273]. Die Erholung hält nicht lange vor, denn er muss sich mit dem Lord Chamberlain, der englischen Zensurbehörde, herumstreiten, die Textänderungen am *Endspiel* verlangt; Beckett verweigert dies lange, da er die Integrität seines Stücks gefährdet sieht, bietet aber schließlich an, das Wort *Bastard* (als Bezeichnung Gottes) durch *Schwein* zu ersetzen, woraufhin das Stück freigegeben wird: *Dies sind eben die Feinheiten der Blasphemie.*

Ich selbst würde mich wohl durch «Bastard» weniger beleidigt fühlen.[274] Bei den Proben in London ist Beckett (der sich in die Inszenierung eigentlich nicht einmischen will, aber dann doch nicht mit Eingriffen zurückhalten kann) dabei, wohl auch, weil es ihm Gelegenheit gibt, sich mit der vierunddreißigjährigen BBC-Skripteditorin Barbara Bray zu treffen, die er anlässlich seiner Hörspielarbeit kennen und lieben gelernt hat. Es ist nicht Becketts erster Seitensprung in diesen Jahren; eine frühere Affäre hat er unter Hinweis auf seine schwierige Persönlichkeit beendet – *Du wirst dich eines Tages glücklich schätzen und mir dafür danken, daß ich Dich nicht tiefer in meine Greuel hineingezogen habe*[275] –, doch bei Barbara Bray gelingt ihm dies trotz gelegentlicher Versuche nicht.

Erschöpft und mit dem Gefühl, dass *die ganze Lebensweise sich gewaltig ändern muß*[276], kehrt er nach Paris zurück. Er sieht sich *immer mehr in Professionalismus und Selbstausbeutung verstrickt* und wünscht sich den Zustand der Nachkriegsjahre zurück, *als es hieß Schreiben oder Untergehen*[277]. Ein weiteres Stück von ihm, glaubt er, *wird es auf lange Zeit nicht mehr geben, soweit ich sehe*[278]. Dafür rafft er sich im Dezember 1958 auf und wendet sich endlich wieder der Prosa zu, die für ihn *das Schreiben von Belang*[279], aber allzu lange ins Hintertreffen geraten ist. Er beginnt ein *fürchterlich schwieriges Buch, und ich sehe noch lange kein Ende und kann nichts anderes machen*[280]. Es handelt sich um *Wie es ist*, einen dreiteiligen Prosatext auf Französisch, an dem Beckett mehr als ein Jahr schreibt. *Es spielt alles im Pechfinstern und im Schlamm, erster Teil ein Mann allein, zweiter mit einem andern, dritter wieder allein. Alles ein Problem von Rhythmus und Syntax und Formaufweichung, nichts ist schwieriger*[281]. Zuerst schreibt Beckett *Wie es ist* als Fließtext ohne Punkt und Komma (ein Abschnitt daraus erscheint als *Das Bild*[282]), doch dann verknappt er den Text und zerlegt ihn zu Splittern von wenigen

Zeilen, die dem Atemrhythmus des durch den Schlamm kriechenden Protagonisten entsprechen: *Das Geräusch seines Keuchens füllt ihm die Ohren, und erst, wenn es nachläßt, kann er ein Bruchstück dessen, was in ihm ausgesagt wird, erhaschen und murmelnd aussprechen.*[283] Dieser Text geht über das Ende der Romantrilogie in der Tat noch hinaus, weil das Ich noch weiter als das des Namenlosen auf sich zurückgeworfen ist und nichts mehr sagt außer dem, was es im Dunkeln hört: *[…] ich sage es wie ich es höre es murmele im Dreck ich verfalle verfalle das ist zuviel gesagt keinen Kopf mehr Phantasie am Ende keinen Atem mehr*[284].

Während Beckett an *Wie es ist* arbeitet, führt er (weitestgehend allein in Ussy) ein *ödes tristes Leben und nichts sonst, fahre Rad und gebe bei Steigungen nicht auf*[285]. Der BBC hat er sein *halbgares* Hörspielskript *Aschenglut* aus dem Vorjahr gegeben, ist aber mit der Sendung nicht zufrieden: *Meine Schuld, Text zu schwierig.*[286] Das Trinity College trägt ihm die Ehrendoktorwürde an, und er fragt sich, *was um Gotteswillen […] Doktorei und Literatur mit einem Werk wie dem meinen zu tun*[287] haben, nimmt die Ehrung aber entgegen seiner Gepflogenheit an, wohl auch seines schlechten Gewissens wegen, weil er das College dreißig Jahre zuvor *im Stich*[288] gelassen hat.

> Ich finde Alleinsein nicht peinigend, ganz im Gegenteil. Löcher tun sich im Papier auf und ziehen mich fadentief von allem weg.
> An Nancy Cunard, 1959.
> In: Lake, S. 5, S. 13

Trotz des Wohlstands leben Beckett und Suzanne immer noch weitgehend bedürfnislos. *Wenn ihr bankrott seid, sagt es mir ruhig, ich hab' jetzt einiges*[289], lässt Beckett schon seit Jahren seine Freunde wissen und schickt vielen auch anonym Geld, wenn er das Gefühl hat, es werde benötigt. Erst Ende der fünfziger Jahre schafft er ein Telefon an (und nimmt nur zu festgesetzten Zeiten ab, die außer seinen Freunden nie-

Beckett als
Ehrendoktor
des Trinity
College,
Dublin,
2. Juli 1959

mand kennt), ebenso einen Fernseher, um Rugby-, Kricket- und Tennisübertragungen anzuschauen. Im April 1959 leistet er sich dann doch ein Auto, eine «Ente», mit der Beckett als lausiger Fahrer ständig Unfälle und Pannen hat. Noch wohnt er mit Suzanne in der Zweizimmerwohnung in der Rue des Favorites, was jedoch immer schwieriger wird, zumal zwischen den beiden eine gewisse Entfremdung eingetreten ist. Sie haben kaum gemeinsame Freunde (eine Ausnahme ist Becketts Autoren- und Verlagskollege Robert Pinget), und wenn Beckett frühmorgens betrunken heimkommt, stört er zwangsläufig seine abstinente Lebensgefährtin. So kauft er schließlich im siebten Stock des Hauses Boulevard Saint-Jacques 38 eine Wohnung mit zwei separaten Eingängen und getrennten Schlafzimmern, aber einem gemeinsamen Wohnzimmer, außerdem einem Arbeitszimmer, von dem aus Beckett zu seinem Verdruss direkt auf das Santé-Gefängnis blickt.

Der Einzug in die neue Wohnung verzögert sich wegen notwendiger Renovierungsarbeiten um fast ein Jahr, doch ab November 1960 kann Beckett zumindest tagsüber hier arbeiten. Seit einigen Wochen schreibt er an einem neuen Stück, das er zunächst *Weibliches Solo* nennt und aus dem schließlich *Glückliche Tage* wird. Zum ersten Mal schreibt Beckett einen weiblichen Monolog; zwar ist neben der Protagonistin Winnie auch ihr Mann Willie auf der Bühne, fungiert aber praktisch nur als lebende Requisite und als Projektionsfigur für Winnie, die das Alleinsein nicht ertragen kann: *Früher dachte ich [...], daß ich lernen würde, allein zu sprechen. [...] Aber nein. [...] Ergo bist du da.*[290] Zunächst hat Beckett Zweifel, ob ein Monolog die Bühne über die ganze Länge eines Zweiakters füllen kann, doch dann entwickelt er ein Verfahren, dramatische Spannung gerade aus der Unbeweglichkeit seiner Figur heraus aufzubauen, die im ersten Akt bis zur Hüfte, im zweiten bis zum Hals in einem Erdhügel steckt. Sie kann sich nicht rühren, doch umso agiler plappert sie drauflos, schwärmt von alten Zeiten und redet sich ein, wie schön der Tag und ihr Dasein seien. Die Sprache evoziert alles, was eigentlich nicht da ist, und das durchaus mit Erfolg, wenngleich der untergründige Sarkasmus nie aus dem Blick gerät – in einem frühen Stadium der Arbeit hat Beckett beschwichtigende Redewendungen und Trostfloskeln (vornehmlich christlicher Provenienz) gesammelt. Vermutlich hängt Winnies Plapperhaftigkeit auch mit der englischen Sprache zusammen, die Beckett für das Stück benutzt, hat er doch einige Jahre zuvor erkannt: *In meinem englischen Schreiben ist etwas, das mich wütend macht und das ich nicht loswerden kann. Eine Art Mangel an Bremsen.*[291] Zudem ahnt Beckett wohl, dass *Glückliche Tage* etwas mit seiner Herkunft zu tun hat: *Ich bin mir vage der untergründigen Antriebe bewusst, die hinter der Abfassung stecken, aber ihre Aufdeckung würde die Abfassung verhindern.*[292] Nach *Glückliche Tage* wird Beckett kein abendfüllendes Theaterstück mehr schreiben.

Im Januar 1961, zur Zeit des Einzugs in die neue Wohnung und kurz vor der Fertigstellung von *Glückliche Tage*, erfährt Beckett, dass Barbara Bray ihre Stelle bei der BBC gekündigt hat, um als freie Übersetzerin und Kritikerin in Paris zu leben. Wenn das der Versuch ist, Beckett zu einer Entscheidung zu zwingen, so reagiert er auf seine Weise. «Eine von Sams Haupteigenschaften war Loyalität und Dankbarkeit»[293], weiß Barbara Bray, und diese Eigenschaft beweist er, indem er Suzanne nach mehr als zwanzigjährigem Zusammenleben nun heiratet und ihr auf diese Weise für den Fall seines Todes alle Rechte an seinen Tantiemen und seinem Besitz sichert. Die Heirat erfolgt in aller Diskretion in Folkestone, wo Beckett sich zu diesem Zweck zwei Wochen aufhalten muss: *Schön, ganz unbekannt und unbehelligt hier zu sitzen, im Fenster nichts als Meer, Himmel und Jules-Verne-Nebel*[294]. Am 25. März findet die Trauung statt (*Gottlob ist das endlich erledigt*[295]); noch am selben Tag kehren Samuel und Suzanne Beckett nach Paris zurück. Wer sie fragt, wo sie waren, bekommt zu hören, sie seien in Ussy gewesen.

Welten im Kopf

Ausgeträumt

Im Oktober 1961 blickt Beckett zurück auf ein *gutes Jahr Plackerei, hart und langweilig, und keine Möglichkeit, etwas Neues zu machen*; er fühlt sich *sehr ermüdet und phasenweise gestört und unterbrochen.*[296] Durch seine Berühmtheit hat sich sein Leben stark verändert. Viel Zeit bringt er mit der Bewältigung seiner Post zu, aber auch damit, durchreisende Freunde auszuführen. In seinen Lieblingsbars wird er immer häufiger von Fremden angesprochen, zumal von Literaturwissenschaftlern, die sich auf höfliche Weise kaum abwimmeln lassen. *Ich hatte gelernt, alles zu ertragen, außer gesehen zu werden*[297], steht in einem der wenigen Prosafragmente, die er in dieser Zeit schreibt, als unbrauchbar zur Seite legt und erst 1976 als *Durchgefallenes* publiziert. Beckett hat das Gefühl, sich leer geschrieben zu haben; er versucht (bis auf weiteres erfolglos), aus der Leere im Kopf den Impuls für neue Texte zu gewinnen: *[...] es wird nichts mehr in seinem Kopf sein, ich werde alles, was er braucht, hineinstecken.*[298]

Ein Lichtblick ist die Ankunft seines Neffen Edward, eines begabten Flötisten, der im Herbst 1961 die Aufnahmeprüfungen am Pariser Konservatorium bewältigt und danach vier Jahre in Paris verbringt. *Er ist ein netter Kerl und eine ansprechende Mischung aus Reife und Jungenhaftigkeit*[299], stellt Beckett fest und nimmt sich seiner an; einmal wöchentlich gehen Neffe und Onkel aus, spielen Billard oder treffen sich mit anderen (meist trinkfreudigen) Iren.

Edward ist nicht der einzige Verwandte, für den Beckett sich einsetzt; auch die Karriere seines Cousins John sucht er zu fördern. Als die BBC signalisiert, dass sie gern ein neues Hörspiel von ihm hätte, schreibt Beckett Ende 1961 *Worte und Musik*; John Beckett übernimmt die Komposition. Kurz darauf entsteht ein zweites Hörspiel, *Cascando*, diesmal auf Bitte des Komponisten Marcel Mihalovici, der schon zuvor anlässlich einer Opernfassung von *Das letzte Band* mit Beckett zusammengearbeitet hat. *Worte und Musik* und *Cascando* sind Becketts erste Arbeiten, die musikalische Elemente als integrale Bestandteile einbeziehen; in beiden Hörspielen stehen Musik- und Sprachspur gleichrangig nebeneinander und agieren jeweils auf Geheiß des dirigentenhaften Krak beziehungsweise eines *Öffners*, der meint, er könne beide Tonspuren *nach Belieben* abrufen, aber abstreitet, es sei alles nur *in seinem Kopf*.[300]

Der Rückgriff auf Musik ist womöglich auch eine Folge von Becketts Sprachskepsis. *Was auch immer gesagt wird, ist so weit entfernt vom Erleben*, beklagt er und wünscht sich eine *Syntax der Schwäche*, um zur *authentischen Schwäche des Seins* vordringen zu können.[301] Künstlerisch schöpft er aus den Hörspielerfahrungen neue Impulse, die er anschließend bei dem neuen Bühnenstück *Spiel* umsetzt, das er gleichsam musikalisch organisiert; drei Figuren (zwei Frauen und ein Mann) stehen in Urnen auf der Bühne und sprechen abwechselnd, wenn sie von einem fordernden Scheinwerfer angestrahlt werden. Was sie sagen, sind Floskeln und Satzfetzen, aus denen sich ein Dreiecksverhältnis heraushören lässt; Beckett macht hier offenbar sein eigenes schuldbeladenes Dilemma des Lebens mit zwei Frauen zum Thema, wobei er dieses Thema jedoch durch eine strenge Formalisierung und die Ausflucht in einen englischen Mittelstandsjargon auf Distanz bringt. Laut Regieanweisung wird am Ende das komplette Spiel wortwörtlich wiederholt; Beckett erlaubt keine optimistische Hoffnung auf Veränderung.

Diese Regieanweisung wird freilich (wie manch andere) bei den meisten Inszenierungen ignoriert. Beckett kann das nicht akzeptieren, zumal er von Regisseuren und Dramaturgen keine hohe Meinung hat: *Regisseure scheinen überhaupt keinen Sinn für Form in der Bewegung zu haben, jene Art Form, die man etwa in der Musik findet, wo Themen leitmotivisch auftauchen.*[302] Um die Kontrolle über seine Stücke zu behalten, ist Beckett bei den meisten Inszenierungen in Paris und London dabei, was häufig zu Reibereien mit Regisseuren und Schauspielern führt; Beckett hält die Schauspieler dazu an, sich weitestmöglich zurückzunehmen, und dringt auf äußerste Perfektion in Rhythmus und Timing, weist hingegen Fragen nach Sinn und Bedeutung schroff zurück: *Ich weiß nur, was im Text steht.*[303] Bei der Detailarbeit auf der Bühne (und auch im Studio) erkundet er Möglichkeiten und Grenzen dramatischer Praxis und Technik und gewinnt daraus auch Anregungen zu neuen Arbeiten. Nach meist wochenlanger Probenarbeit ergreift Beckett, der nach eigenem Bekunden *eine Öffentlichkeitsphobie*[304] hat, stets vor der Premiere die Flucht; oft genug trifft er am Flughafen seine Frau, die zu vielen Premieren in ganz Europa anreist und ihm anschließend berichtet, was *falsch* und was *richtig* inszeniert sei.

Die Probenarbeit nimmt Beckett zeitweilig so sehr in Anspruch, dass er meint, keine Energien zum Schreiben mehr zu haben; als Autor hat er *manchmal das Gefühl, ans Ende gelangt zu sein*[305]. Andererseits kann er sich mit seinen Pflichten bisweilen auch über Zeiten der Schreibblockade und entsprechender Frustrationen hinwegretten: *Inszenieren ist eine Ausrede, nicht zu schreiben.*[306] Als Beckett sich zur Jahreswende 1963/64 nach Ussy zurückzieht und trotz wochenlangem Bemühen nichts schreiben kann, *keine Zeile*[307], ist das ungleich schlimmer. Eher akzeptieren kann Beckett schriftstellerische Untätigkeit auf Urlaubsreisen; im Sommer reist er mit seiner Frau in die österreichischen oder italienischen Alpen, um reine Luft und Ruhe zu tanken; später kommen ausgedehnte Winterurlaube am Mittelmeer, in Portugal oder auf Madeira hinzu.

1964 ist Beckett an einem Halbdutzend Inszenierungen beteiligt. Im Juli fliegt er zu Dreharbeiten nach New York, im Jahr zuvor hat er auf Bitte seines amerikanischen Verlegers Barney Rosset ein kurzes Drehbuch geschrieben, das ein schon aus *Murphy* bekanntes wahrnehmungsphilosophisches Problem illustrieren soll: *Die Suche nach dem Nicht-Sein durch Flucht vor der Wahrnehmung anderer scheitert an der Unausbleiblichkeit der Selbstwahrnehmung.*[308] Für die Hauptrolle (einen Mann, der vom Auge der Kamera verfolgt wird) hatte Beckett sich eigentlich Charlie Chaplin gewünscht, der freilich auf Anfragen nicht reagiert; stattdessen wird Buster Keaton engagiert, der das Honorar gebrauchen kann und seine Rolle hervorragend spielt, obwohl er beteuert, nichts zu verstehen. Mit dem einfach *Film* genannten Ergebnis ist Beckett nur mäßig zufrieden: *Hinsichtlich des intellektuellen Entwurfs ist er in gewisser Weise gescheitert [...], aber indem er das tut, hat er eine Dimension und eine Gültigkeit eigenen Rechts angenommen, die weit mehr wert sind als eine bloße Übersetzung von Absichten.*[309]

Im August 1964 zwingt sich Beckett in Ussy, endlich ein neues Prosavorhaben in Angriff zu nehmen, das zunächst *Fancy Dead Dying* heißt, später aber in *Imagination morte imaginez* (*Ausgeträumt träumen*) umbenannt wird. Bis März 1965 arbeitet er daran, dann erzwingt er einen Abschluss: *Um davon befreit zu sein.*[310] 93 Seiten seiner Schreibkladde hat er gefüllt, streicht freilich alle bis auf die letzten zehn durch und kürzt auch diesen Text noch einmal zusammen, bis lediglich tausend Wörter stehen bleiben.[311] Dies ist cha-

Buster Keaton und Samuel Beckett bei den Aufnahmen zu «Film» in New York, Juli 1964

rakteristisch für Beckett, bei dem Textüberarbeitung immer Streichung und Verknappung bedeutet, nie Anreicherung, und der sich zudem nie eine Wiederholung erlaubt: *Jede voraufgegangene Arbeit macht eine Fortsetzung dieser Arbeit un-*

*möglich. [...] Es muß jedes Mal ein Schritt vorwärts sein.*³¹² Wie Beckett einen Text feilt und abschleift, um diesen *Schritt vorwärts* zu schaffen, lässt sich bei *Ausgeträumt träumen* besonders gut nachvollziehen, da später auch zwei Vorstufen (*Falsch anfangen* und *All Strange Away*) publiziert werden. *Ausgeträumt träumen* beginnt am absoluten Nullpunkt – *Nirgends eine Spur von Leben, sagt ihr, hm, daran soll's nicht liegen, noch nicht ausgeträumt, doch, gut, ausgeträumt träumen –*, aus dem dann ein geometrisch konstruierter Raum geschaffen wird, ein *Rundbau, ganz weiß im Weißen.*³¹³ Dieser Rundbau ist ein stilisierter Schädel, der zunächst leer ist, in dem dann aber nach den Gesetzen einer hermetisch nach außen abgeschotteten Imagination neue Textimpulse keimen. Ausgehend von *Ausgeträumt träumen* entwickelt Beckett in seiner Prosa (und zum Teil in seiner Dramatik) einen imaginativen Raum, in dem Stimmen gehört werden und das, was diese Stimmen sagen, nachgesprochen wird, bis es sich in Gestalt schemenhafter Bilder in eine imaginierte Außenwelt projiziert. Diese zunächst kryptisch wirkenden Texte schaffen eine diffizile Metaphorik, die den bereits in Becketts Nachkriegstrilogie virulenten Wahrnehmungs- und Sprechzwang in eine Art poetische Selbstzeugung verwandelt.³¹⁴

Die äußerste Verknappung macht auch vor Becketts Dramatik nicht Halt. Im Januar 1965 hat er *ein Minidrama fertig (einundeinhalb Seiten, 3 bis 4 Minuten Spielzeit)*³¹⁵, eine Auftragsarbeit für seinen Londoner Verleger John Calder, deren Thema das Nichtwissen ist: Sobald eine von drei Figuren die Bühne verlässt, verständigen die beiden verbleibenden sich tuschelnd über das, was der abwesenden bevorsteht. Es scheint um ein unheilbares Leiden zu gehen, und mit Gesundheitsproblemen hat zu dieser Zeit auch Beckett zu tun – für ihn ist es der *miserabelste Frühling seit Osterglockengeden-*

*ken*³¹⁶. Mehrmals muss er sich seiner Zyste am Gaumen wegen operieren lassen, die Finger leiden an einer Sehnenversteifung (der Dupuytrenschen Kontraktur), und zudem nimmt seine Sehkraft ab. Gleichzeitig wird die visuelle Komponente seiner Arbeiten immer stärker, wie nicht nur die zunehmende räumliche Orientierung seiner Prosa zeigt, sondern auch die Hinwendung zu audiovisuellen Medien. Für Jack MacGowran, seinen Lieblingsschauspieler neben Patrick Magee, schreibt er das Fernsehspiel *He, Joe*, das Gegenstück zu *Film*. Während *Film* die Flucht vor dem Sehen zeigt, inszeniert *He, Joe* die vergeblichen Versuche eines Mannes, der Behelligung durch eine Stimme aus der Vergangenheit zu entkommen. *Seine Passion ist es, die Stimmen abzutöten, die er nicht abtöten kann*³¹⁷, erläutert Beckett, wobei die Stimme wie ein körperlicher Übergriff ist: *Jeder Satz ein eindringendes Messer, Pause zum Zurückziehen, dann wieder hinein.*³¹⁸ Im Frühjahr 1966 führt Beckett bei *He, Joe* für den Süddeutschen Rundfunk erstmals offiziell selbst Regie, wobei er sich weigert, Honorar zu nehmen – weil er kein professioneller Regisseur sei.

Nach einem weiteren Freundschaftsdienst in Gestalt eines halb essayistischen, halb poetischen Textes für den israelischen Maler Avigdor Arikha, in dem er seine Vorstellung vom künstlerischen Schaffen zu wenigen Zeilen komprimiert, sucht Beckett im Sommer 1966 *einen letzten Quietscher aus dem alten Dudelsack auszuquetschen* und schreibt *etwas angemessen Kurzes und Ungeheuerliches […], ganz Weiße*

Wieder auf dem Sprung gegenüber dem unbezwinglichen Außen. Auge und Hand fiebernd nach dem Nicht-Selbst. Durch die von ihm unablässig veränderte Hand unablässig verändertes Auge. Zum Nicht-zu-Sehenden und Nicht-zu-Schaffenden vor- und zurückstoßender Blick. Ruhe im Hin und Her und Spuren dessen, was es heißt, zu sein und gegenüber zu sein. Tiefe wunde Spuren.

Für Avigdor Arikha. In: Das Gleiche, S. 65

Beckett und der Maler Avigdor Arikha (links) im Atelier des Bildhauers Alberto Giacometti, der für eine «Godot»-Neuinszenierung einen Baum modelliert, 1961

und Stille und Erledigtheit.[319] Es handelt sich um *Bing*, ein verknapptes Seitenstück zu dem im Vorjahr begonnenen, aber nicht beendeten Prosatext *Der Verwaiser*; in der Folge entstehen noch einige weitere komprimierte Prosatexte, doch Beckett muss sich eingestehen, dass eine längere Arbeit nicht mehr möglich ist; auch ein Theaterstück, an dem er mehr als ein Jahr lang schreibt, bleibt unvollendet. Dabei hat Beckett das Gefühl, ihm zerrinne die Zeit, denn seine Lunge und seine Augen machen ihm Sorgen. Im Februar 1967 stürzt er in die Grube der Autowerkstatt, weil er nicht mehr richtig sehen kann, und bricht sich zwei Rippen. Beckett leidet beidseitig an grauem Star, die Heilungschancen sind jedoch ungewiss; er selbst ist *nicht hoffnungsvoll, aber wann war ich das je bei irgendwas!*[320] Als im März in Dublin sein alter Freund McGreevy stirbt, verkriecht er sich für längere Zeit nach Ussy, wo er sich ein Klavier aufstellen lässt, in

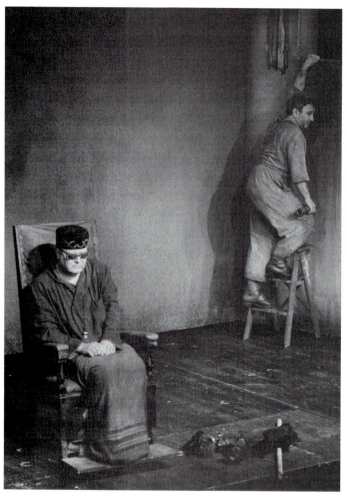

Ernst Schröder als Hamm und Horst Bollmann als Clov in «Endspiel» unter Becketts Regie in Berlin, 1968. Foto von Rosemarie Clausen

der vergeblichen Hoffnung, durch regelmäßiges Spielen der Verkrümmung seiner Finger entgegenwirken zu können.

Ablenkung bietet wieder einmal die Bühne. Im August fährt er nach Berlin, um für das *Endspiel* am Schiller-Theater seine erste Theaterregie zu übernehmen. Stundenlang läuft er durch die Stadt, außerdem entspannt er sich mit Krimilektüre – und er lernt die junge israelische Drehbuchautorin Mira Averech kennen, mit der er sich auf eine behutsame Liaison einlässt. Als seine Frau Suzanne zu den Proben kommt und dann auch noch Barbara Bray in Berlin auftaucht, ist Becketts Fähigkeit zur Diskretion mehr denn je gefordert.

Im April 1968 leidet Beckett unter Atemnot und so starken Brustschmerzen, dass Suzannes homöopathischer Hausarzt nicht mehr helfen kann; im Krankenhaus wird ein Lungenabszess festgestellt, der eine Antibiotikabehandlung und den Verzicht auf Tabak und Alkohol erfordert. Beckett darf wochenlang nicht aus dem Zimmer und erlebt die Studentenrevolte, die Paris erschüttert, nur am Fernsehschirm. (Sein einziger bekannter Kommentar zur *Marcusejugend* ist die rhetorische Frage in einem Brief an Theodor W. Adorno: *War jemals solche Rechtmäßigkeit mit solcher Dummheit gepaart?*[321]) Die körperlichen Gebrechen irritieren Beckett, denn er hat sich *immer ein kräftiges, aktives Alter gewünscht ... In dem das Leben weiterbrennt, während der Körper sich davonmacht ... Ich habe oft an Yeats gedacht ... Der hat seine besten Gedichte mit über sechzig geschrieben ...* [322] Wie ein Kommentar zu seinen Lungenproblemen klingt der Titel des Kürzestdramas *Atem*, das er im Oktober schreibt; auf der menschenleeren Bühne liegt Unrat, vom Band ertönt ein zwanzigsekündiger Atemzug, umrahmt von zwei kurzen Schreien. *Das bestmögliche Stück*, sagt Beckett gelegentlich, *ist eines, in dem es keine Schauspieler gibt, nur den Text*[323]; in *Atem* geht er sogar noch weiter und lässt den Text fort. *Atem* illustriert in extremer Kürze Becketts Auffassung vom Leben: *Worum geht es denn, am Ende, für uns alle, vom ersten Schrei an, doch nur darum, es hinter sich zu bringen.*[324]

> Reihenfolge der Bedürfnisse
>
> 1. Tasch, Stuhl, Bananen, Schachteln mit Spulen, Register, Tonbandgerät, Wörterbuch, um ohne Arbeitsaufnahme mit den "Handlungsstellen" sofort zu beginnen.
> 2. Arbeitsaufnahmen (Stimme v. Drink)
> 3. ~~...~~ Montage des Kulissenbaus.
> 4. Technik des Geräts.
> 5. Endgültige Aufnahmen.
>
> Das Licht (über dem Tisch) gelobt, wegen der Dunkelheit die es herstellt!
>
> Es gibt mindestens 5 Stellen wo er dies Verhältnis (zwischen K. u. Gerät) ausdrücken (ausdrücklich anzeigen) können. (P. 51).

Für seine Inszenierung von «Das letzte Band» 1969 in Berlin macht Beckett sich Gedanken über die Bedürfnisse des alten Krapp.

Im September 1969 ist er erneut in Berlin und inszeniert *Das letzte Band* mit Martin Held; Anfang Oktober fliegt er von dort direkt in den Winterurlaub. Seiner Lungen wegen will er ihn erstmals in Nordafrika verbringen. In Tunesien werden Beckett und seine Frau allerdings unverhofft von Dauerregen heimgesucht, Überschwemmungen vertreiben sie aus Tunis, und in Nabeul am Mittelmeer erreicht ihn eine weitere Katastrophe in Form eines Telegramms von Lindon: «Trotz allem haben sie Dir den Nobelpreis verliehen – Ich rate Euch, unterzutauchen.»[325] Obwohl Beckett nicht bereit ist, öffentlich aufzutreten, kommt eine Ablehnung des Preises für ihn nicht infrage: *Es wäre unhöflich, eine solche Ehrung zurückzuweisen.*[326] Er verrammelt sich in seinem Zimmer, als die Presse am Ort auftaucht. *Journalisten sind gefährlich*, ist seine Meinung: *Sie stellen Fragen, die ich nicht beantworten will oder kann, und sie drehen mir das Wort im Munde um*[327]. Als Mitte Dezember in Stockholm die Preisverleihung stattfindet, reist das Ehepaar Beckett von Tunesien nach Portugal weiter; den Preis nimmt anstelle des Autors sein Verleger Lindon entgegen. Erst Ende Januar sind Samuel und Suzanne Beckett in Paris zurück.

BELAGERUNGSZUSTAND

Zu den Problemen, die der Nobelpreis Beckett einträgt, zählt das Preisgeld von immerhin 375 000 Kronen. Im Gegensatz zu Joyce – *Der hätte es auszugeben gewusst*[328] – hat Beckett keine Verwendung für so große Summen und bittet seine Verleger um Adressen von Autoren, die Geld gebrauchen können. Das gesamte Preisgeld verteilt er anonym an Schriftsteller (darunter B. S. Johnson, der sich kurz darauf einen Sportwagen anschafft, und die verarmte Djuna Barnes, die Beckett aus den Jahren gemeinsamer Joyce-Bekanntschaft kennt), Maler und Schauspieler; auch die Bibliothek des Dubliner Trinity College wird bedacht. Die latenten Schuldgefühle, an denen Beckett zeit seines Lebens leidet, führen stets zu einem schlechten Gewissen, sobald er das Gefühl hat, anderen Menschen gehe es schlechter als ihm; oft verschenkt er Geld, verzichtet auf Honorare oder lässt seinen *Anteil an dem Reibach* jemandem geben, *der arm ist und es verdient.*[329] Jedem Bettler gibt er etwas: *Ich weiß, manche sind Betrüger. Aber das Risiko kann ich nicht eingehen.*[330] Mit dieser Einstellung lässt er sich bereitwillig von Schnorrern ausnehmen, zumal er sich in Gesellschaft von Halunken meist wohler fühlt als unter unbescholtenen Langweilern. Lange erträgt er es, von dem Autographenhändler Jack

Schwartz (*ein unterhaltsamer Grobian*[331]) übers Ohr gehauen zu werden, und auch seine spätere Vorliebe für den Schauspieler und Regisseur Rick Cluchey, einen Ex-Schwerverbrecher, lässt sich nur so erklären.

Ein zweites Problem des Nobelpreises ist, dass Becketts Verleger neue Bücher von ihm haben wollen. Schweren Herzens holt er die unveröffentlichten Nachkriegstexte *Mercier und Camier* und *Erste Liebe* hervor, ringt sich einen Schlussabschnitt für die vor Jahren zur Seite gelegte Prosa *Der Verwaiser* ab und erlaubt eine Neuauflage von *Mehr Prügel als Flügel*. Neue Arbeiten hat er nicht, der Nobelpreis hat seine Schreibblockade noch verstärkt. Wenigstens bessert sich seine Sehfähigkeit deutlich, nachdem er im Oktober 1970 am linken und im Februar 1971 am rechten Auge erfolgreich operiert wurde.

In Paris fühlt sich Beckett unablässig im *Belagerungszustand*[332], dem er entgegenwirkt, indem er sich einen festen Tagesrhythmus angewöhnt. Den Vormittag verbringt er am Schreibtisch, den Nachmittag mit Spaziergängen und anschließend meist bei Barbara Bray. Seine vielen Verabredungen (meist zwei oder drei, bisweilen vier am Tag) legt er auf den späten Nachmittag, da er früher am Tag nicht trinken, aber auch keinem Besucher ohne Stärkung durch Whiskey gegenübertreten mag; die Abende verbringt er in Bars oder Speiselokalen. Nach Ussy kommt er in den siebziger Jahren fast gar nicht mehr, doch mehrmals im Jahr fliegt er mit seiner Frau (deren Leben sonst kaum noch Berührung mit seinem hat) nach Nordafrika, wo er viel schwimmt – ein anderer Sport ist ihm nicht geblieben, da er für Tennis zu schlecht sieht und an Arthritis leidet. Arbeit nimmt er sich selten mit in den Urlaub, der *mehr ein Flüchten als ein Verfolgen*[333] ist.

Ende 1971 entdeckt Beckett Malta als *bisher bestes Gegengift zu Paris*[334] und findet auf der Mittelmeerinsel zudem die Inspiration zu einem neuen Theaterstück, als er im Museum das Caravaggio-Gemälde «Die Enthauptung Johannes' des Täufers» betrachtet. Schon Jahre zuvor hat er überlegt: *Kann man einen Mund auf die Bühne bringen? Nur einen sich bewegenden Mund mit dem Rest der Bühne im Dunkel?*335 Diese Idee setzt er jetzt in *Nicht ich* um; auf der verdunkelten Bühne ist neben der verhüllten Gestalt eines *Vernehmers*, der durch sparsame Gesten zum Reden auffordert, nur ein *Mund* zu sehen, der stakkatohaft in der dritten Person von einem kleinen Mädchen erzählt. *Ich habe diese Frau in Irland ge-*

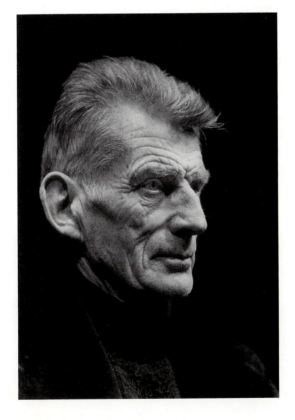

Samuel Beckett, 1973. Foto von John Haynes

kannt, erläutert Beckett, *ich wußte, wer sie war – nicht eine bestimmte «sie» oder Frau, aber es gab so viele von diesen alten Weibern, die durch die Gassen schlurften, in den Gräben, die Knicks entlang. Irland ist voll von ihnen. Und ich hörte «sie» sagen, was ich [...] aufgeschrieben habe.*³³⁶ In der Tat kehrt Beckett mit *Nicht ich* zum Raum seiner eigenen Kindheit zurück – und zum obsessiven Redefluss mit selbstdistanzierendem Charakter, wie er ihn in *Der Namenlose* entwickelt hat.

Tatsächlich ist Becketts dramatisches Spätwerk weitgehend monologischer Natur, nimmt also Impulse aus seiner früheren Erzählprosa auf, während seine Prosa der sechziger und siebziger Jahre in ihrer räumlichen Orientierung Elemente der früheren Bühnenstücke narrativ nutzbar macht. Für die Bühnenmonologe, deren Material er zusehends wieder seiner eigenen Vergangenheit abringt, entwickelt Beckett freilich stets einen formalen Rahmen, der für den Autor distanzierende Funktion hat, aber so angelegt ist, dass er die Wirkung auf der Bühne erhöht – eine Wirkung, die möglichst direkt sein soll: *Verständlichkeit ist nicht mein Hauptanliegen. Ich hoffe, das Stück packt das Publikum an seinen Nerven, nicht am Verstand.*³³⁷ Die Form ist ursächlich für die Wirkung,

und die Form ist zugleich die einzige Ausflucht für den Künstler, der die Welt nicht zu erklären vermag – er *kann paradoxerweise gerade durch die Form eine Art von Ausweg finden. Wenn er das Formlose formt. Vielleicht gibt es nur auf dieser Ebene eine tieferliegende Aussage.*³³⁸ Der formale Rahmen, der Beckett seinen Monologen für die Bühne schafft, dient häufig dazu, den Imaginationsprozess zu metaphorisieren. In seinen Briefen an Schauspieler, die Prosatexte von ihm auf die Bühne bringen wollen, entwickelt Beckett gelegentlich Ideen, die diesen Aspekt unterstreichen: Manuskripte werden aus dem Müll gefischt, oder ein *Autor* wird von einer *Stimme* zum Nachsprechen angehalten, womit *die Mühsal des Kompositionsprozesses karikiert* werden soll.³³⁹

> Nein, es geht nicht. Ich habe absolut kein Urteil über mein eigenes Werk und seine Bedeutung. Ich bin völlig unfähig, darüber zu sprechen. Ich erlebe es zu sehr ganz von innen her. Wenn ein Werk fertig ist, ist es wie etwas Fremdes, Äußerliches, über dessen Bedeutung ich mir eben nicht klar bin, deshalb kann ich auch nichts darüber aussagen.
>
> Beckett auf die Bitte um deutende Hilfestellung.
> In: Büttner, S. 361

Beckett schätzt sich glücklich, als er *Nicht ich* 1973 mit *der unvergleichlichen Billie* Whitelaw³⁴⁰ inszenieren kann,

Billie Whitelaw in «Tritte», 1976. Fotos von John Haynes

einer Schauspielerin, in deren Stimme er vernarrt ist, seit sie in *Spiel* mitwirkte; zwei Jahre später wird er als weiteres Monologstück *Tritte* schreiben, um es ihr *in die schöne Hand drücken*[341] zu können. In diesen Jahren, die Beckett als *öde Zeit* empfindet, während er *mit dem hartnäckigen Gefühl des Verfallens* kämpft und sich *zu schlaff und dumm für das Abenteuer* fühlt, dies *nun in Worte zu fassen*[342], sind ihm Auftrags- und Gelegenheitsarbeiten eine Hilfe, um weiter zu schreiben. So entsteht im Sommer 1972 auf die Bitte eines Mailänder Galeristen um einen Text, der gut zu illustrieren sei, die kurze Prosa *Still*, im Jahr darauf für einen Gedenkband zu Ehren des verstorbenen Lyrikers Günter Eich *Wie die Geschichte erzählt wurde* und noch zwei Jahre später für Bram van Velde *La Falaise*, ein Text von zunächst sieben Seiten, der dann auf eine halbe zusammengestrichen wird; dazwischen, im Sommer 1974, schreibt Beckett für Patrick Magee das kurze Bühnenstück *Damals* als männliches Gegenstück zu *Nicht ich*. In *Damals* ist auf der dunklen Bühne nur das Gesicht eines *Hörers* zu sehen, auf den aus drei Richtungen seine eigene Stimme einredet und ihn mit drei Geschichten aus seinem Leben behelligt: *Die B-Story hat mit dem jungen Mann zu tun, die C-Story ist die Geschichte des Alten und die A-Story die des Manns in mittlerem Alter*[343]. Auch *Damals* steckt wie *Nicht ich* und *Tritte* voller Bezüge zu Becketts Kindheitsraum, die aber immer mehr verknappt und verkapselt werden.

Beckett weiß, dass er sich *am Rande des im Theater Möglichen*[344] befindet, aber wohl auch, dass er zu extremen formalen Abstraktionsverfahren greifen muss, um die heraufdrängenden Kindheitserinnerungen ins Werk fließen lassen zu können. So entstehen 1976 zwei neue Fernsehspiele, die in Wort und Bild nur noch Abbreviaturen des früheren Beckett'schen Schaffens sind: *Geister-Trio* wirkt wie eine abstrahierende Poetisierung von *Warten auf Godot* (ein

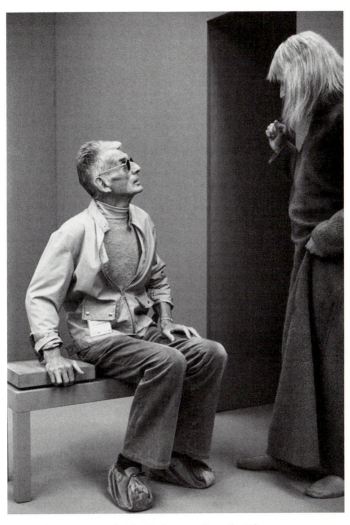

Beckett in Stuttgart bei den Proben zum Fernsehspiel
«Geister-Trio», 1977. Foto von Hugo Jehle

Mann wartet auf den Besuch einer Frau, die aber nicht kommen wird, wie ihm schließlich ein Junge wortlos bedeutet); *... nur noch Gewölk ...* zeigt den Versuch eines Mannes, aus Schatten das schemenhafte Bild einer Frau heraufzubeschwören. Beide Stücke schreibt Beckett, um die Nachfrage nach neuen Arbeiten zu seinem siebzigsten Geburtstag zu befriedigen.

Der runde Geburtstag veranlasst ihn unweigerlich, zurückzuschauen und eine Summe zu ziehen. Als der Komponist Morton Feldman ihn um einen kurzen Text zum Vertonen bittet, eine Art Quintessenz, antwortet Beckett, in seinem Leben gebe es nur ein Thema[345], und skizziert auf Feldmans Notenpapier den Kurztext *weder noch*, der die Vergeblichkeit allen Tuns ausdrückt (*herbeigewunken und abgewiesen*), aus ebendieser Vergeblichkeit aber eine *unaussprechliche Heimstatt*[346] macht. Eine Quintessenz von Becketts Arbeit ist dies in der Tat; Beckett bemüht sich trotz all seiner Sprachskepsis, dem Schweigen einen sprachlichen Ausdruck entgegenzusetzen: *Alles Schreiben ist ein Verstoß gegen die Sprachlosigkeit. Der Versuch, eine Form zu finden für jenes Schweigen.*[347] Die Einsicht in die Vergeblichkeit dieses Tuns schmälert nicht seine Notwendigkeit – und sei es als Überlebenshandlung.

1976 stirbt Becketts ältester Freund Geoffrey Thompson, ebenso George Reavey, im Frühjahr 1977 Geer van Velde; Con Leventhal, sein letzter Studienfreund, ist an Leberkrebs erkrankt. Becketts Gemüt verfinstert sich, doch er hält dagegen: indem er sich in neue Inszenierungen stürzt; indem er aphorismenhafte Kurzverse (*Trötentöne*) auf Französisch schreibt, die der Trostlosigkeit des Alterns mit Galgenhumor begegnen; vor allem aber mit dem *Versuch, wieder auf englisch in Gang zu kommen, um mir durchzuhelfen, sozusagen als Gesellschaft*[348]. Von Januar 1977 bis ins Jahr 1979 schreibt er an dem Prosatext *Gesellschaft*, der länger wird als alles, was er seit *Wie es ist* veröffentlicht hat, und zudem autobiographischer als alles seit dem *Traum von mehr bis minder schönen Frauen*. Weder zwischenzeitliche Inszenierungspflichten noch Lungen- und Atemwegsprobleme (vermutlich eine Folge des Messerstichs von 1938 und jahrzehntelangen Rauchens) verhindern, dass Beckett endlich wieder in der ihm so wichtigen Prosa reüssiert. Nach dem Abschluss von *Gesellschaft* beginnt er im Oktober 1979 (auf Französisch) einen weiteren langen Prosatext, *Schlecht gesehen schlecht gesagt*, der im Dezember 1980 fertig ist, und im August 1981 folgt (nun wieder auf Englisch) die Arbeit an einem dritten Prosatext, *Aufs Schlimmste zu*. Diese *unmögliche Prosa* bereitet ihm zwar größte Mühe (*Sich vorzustellen, dass das Schreiben einmal Vergnügen war!*[349]), doch er bringt sie zu Ende und erreicht mit ihr das, was er den *Schlusspunkt*[350] nennt.

Die Trilogie aus *Gesellschaft*, *Schlecht gesehen schlecht gesagt* und *Aufs Schlimmste zu* ist ein später Höhepunkt in Becketts Schaffen und als künstlerische Leistung durchaus mit der Romantrilogie der Nachkriegsjahre zu vergleichen.[351] Wenn die Romane den Weg von Wahrnehmungs- (*Molloy*) über Ausdrucks- (*Malone stirbt*) hin zu Imaginationsprozessen (*Der Namenlose*) vollzog, so gilt dies ähnlich auch für die drei späten Prosatexte, allerdings nun zu den Bedingungen reiner Kopfwelten. *Gesellschaft* beginnt mit einer einfachen Wahrnehmung, dem Hören einer Stimme: *Eine Stimme kommt zu einem im Dunkeln. […] Zu einem auf dem Rücken im Dunkeln.*[352] Die Stimme erzeugt neben der akustischen auch eine imaginäre optische Wahrnehmung, nämlich *einen Schimmer. Das Dunkel lichtet sich, wenn sie spricht. Verdichtet sich, wenn sie verebbt.*[353] Derjenige, der auf dem Rücken im Dunkeln liegt, wird als ein *du* angesprochen von der Stimme, die Geschichten aus der Vergangenheit erzählt (es sind, soweit es sich überprüfen lässt, früheste Kindheitserinnerungen des Autors); wieder geht es um Becketts Grundthema der Konfrontation mit sich selbst, denn der Text stellt auch klar, dass ungeachtet des Wechsels zwischen *er* und *du* (unter Aussparung der ersten Person) die Stimme von dem Liegenden evoziert wird: *Erträumter Erträumer, das alles erträumend, um sich Gesellschaft zu leisten.*[354] Das Textende bildet ein Einzelwort: *Allein.*[355]

In *Schlecht gesehen schlecht gesagt* erfolgt, wie der Titel schon andeutet, der Schritt von der Wahrnehmung zum Ausdruck und seinen Grenzen. Hauptfigur ist eine Frau, die sich allein (umstanden freilich von einem Steinring, der offenbar die Rolle von zwölf versteinerten Jüngern übernimmt) durch eine menschenleere, aber von Schafen bevölkerte Landschaft bewegt: *Diese Alte. So sterbend. So tot. Im Tollhaus des Schädels und nirgends anders.*[356] In diesem Text erzählt Beckett auf vertrackte Weise noch einmal Geschichten, die vor allem Motive aus der Passionsgeschichte Christi aufgreifen und sich anverwandeln. Der Karfreitagsbezug lässt an Schuld und Reue, auch an die Sohnesrolle denken, die *Alte* im Text an eine Mutterfigur – offenbar hat Beckett hier seine Mutterbeziehung auf chiffrierte Weise in eine Prosa von großer artifizieller Eindringlichkeit überführt.

Aufs Schlimmste zu schließlich dringt (wie Jahrzehnte zuvor *Der Namenlose*) zum Kern der künstlerischen Imagination vor, indem alle Außenwahrnehmung ausgeschlossen und alle Erzählung suspendiert wird, um von den rudimentärsten Resten ausgehend wieder etwas aus Sprache zu schaffen – und zwar auf denkbar radikale Weise, nämlich unter unablässiger Negation von fast allem, was gesagt wird: *Erst der Körper. Nein. Erst der Ort. Nein. Erst beides. Jetzt das eine. Jetzt das andre. Übel von dem einen das andre versuchen. Übel von dem zurück von dem übel. So weiter. Irgendwie weiter. [...] Wieder versuchen. Wieder scheitern. Wieder besser. Oder besser schlimmer. Wieder schlimmer scheitern. Wieder noch schlimmer. Bis übel für immer.*[357] Das ist eine aufs äußerste verknappte Neufassung der Schlussformulierungen aus *Der Namenlose* – die Aufforderung, das Unmögliche als Notwendiges aufzufassen. Und es ist auch der äußerste Versuch Becketts, das Unerträgliche dauerhaft erträglich zu machen – indem es in hochformalisierte Sprechrituale überführt und bis zum Übelwerden repetiert wird, bis eine Art kreative Abstumpfung einsetzt. Erst wenn dies erreicht ist, kann ein Schlusspunkt gesetzt werden: *Gesagt nirgendwie weiter.*[358]

Vielleicht

Beckett selbst macht (und schreibt) trotz allem weiter, nicht zuletzt, weil er dazu gedrängt wird. Schon während der Arbeit an *Gesellschaft* hat er sich auf die Bitte des Schauspielers David Warrilow um eine Solonummer ein weiteres Theaterstück in Gestalt von *ein paar tausend Krächzlauten*[359] abgerungen, das er *Ein Stück Monolog* nennt, und trotz seiner Beteuerung, er sei *untauglich [...], auf Bestellung zu schreiben*[360], liefert er für ein Beckett-Festival in Buffalo (New York) das Stück *Rockaby* und für ein Beckett-Symposium in Ohio das *Ohio Impromptu* (eine artifiziell verknappte Umsetzung seiner Arbeitssitzungen mit Joyce). Anlass beider Veranstaltungen ist sein 75. Geburtstag, den er inszenierend begeht: In Stuttgart führt er im April 1981 Regie bei *Quadrat*, einem geometrisch-choreographischen Fernsehspiel ohne Worte, dessen permutativer Charakter (alle nur erdenklichen Möglichkeiten akustischer wie optischer Natur innerhalb des streng festgelegten Rahmens werden einem peniblen Plan entsprechend erschöpft) wie eine Chiffre für Becketts Schaffensprinzip der Selbstdisziplinierung wirkt.

«Quadrat», von Beckett für den Süddeutschen Rundfunk inszeniert, 1982/83. Foto von Hugo Jehle

Einsamkeit ist Paradies[361], bekundet er nun gern und zieht sich wieder häufiger nach Ussy zurück. *Mein einziger Wunsch auf Wochen hinaus ist, still dazusitzen und über meinen alten Freund, den leeren Raum, nachzusinnen*[362], doch wenn er dazu kommt, packt ihn die Depression angesichts der Leere: *Nichts mehr im Kopf außer wortloser Konfusion.*[363] Er braucht Ansporn von außen, um schreiben zu können. Als im Rahmen des Avignon-Festivals 1982 eine Nacht der Solidarität mit dem inhaftierten tschechischen Menschenrechtler Václav Havel geplant ist, schreibt Beckett dafür den kurzen Einakter *Katastrophe*, der einen symbolischen Akt des Widerstands inszeniert – ein Schauspieler, der vom Regisseur zum Sinnbild der Willenlosigkeit gedemütigt wird, hebt gegen alle Anweisung den Kopf. Das ist sicherlich auch eine Selbstkarikatur Becketts, der bei Selbstinszenierungen diktatorische Züge anzunehmen pflegt und Schauspieler wie Bernhard Minetti, der sich ihm als *völlig unlenkbar*[364] erwiesen hat, für katastrophal hält; an der Bedeutung der Widerstandsgeste der Figur von *Katastrophe* lässt er im privaten Gespräch freilich keinen Zweifel: *Er sagt: Ihr Scheißkerle, ihr habt mich noch nicht fertiggemacht!*³⁶⁵

Beckett gilt als unpolitischer Autor, was insofern richtig ist, als er nie einer politischen Aussage wegen die künstlerische Integrität seiner Arbeiten aufs Spiel setzt. Auf öffentliche Äußerungen politischen Inhalts verzichtet er zudem weitgehend, weil er als Ire, der seine Aufenthaltserlaubnis regelmäßig verlängern lassen muss, seinen Wohnsitz in Frankreich nicht gefährden möchte. Dennoch hat er in den sechziger Jahren seinen Verleger Lindon, der als scharfer Gegner der französischen Kolonialpolitik in Algerien vom Staat drangsaliert wurde, finanziell unterstützt und gegen die Verfolgung des spanischen Dramatikers Fernando Arrabal durch das Franco-Regime ein Protestschreiben verfasst; die Aufführung seiner Stücke in Südafrika zu Zeiten des Apartheid-Regimes untersagt er, macht freilich Ausnahmen für gemischtrassige Theatergruppen. Privat äußert er sich zu politischen Fragen durchaus nicht zaghaft; als ein Gesprächspartner unverfänglich andeutet, für den Nordirland-Konflikt gebe es wohl keine Lösung, erwidert er scharf: *Die Briten müssen raus aus Irland!*³⁶⁶

Auf Drängen des Süddeutschen Rundfunks schreibt Beckett im Sommer 1982 ein letztes Fernsehspiel, *Nacht und Träume*, Anfang 1983 dann für den «steirischen herbst» in Graz ein letztes kurzes Theaterstück, *Was wo*, mit dem er nicht zufrieden ist, das er in Ermangelung neuer Ideen 1985 dann aber noch in eine TV-Version umschreibt; Musikfetzen oder Stimmen von jenseits des Grabes rufen in diesen Arbeiten schemenhafte Gestalten herauf. *Ich weiß nicht, was es be-*

> fort träume alles fort
>
> Einzeiliges Gedicht, von Beckett für das Magazin «Orange Export Ltd.» geschrieben

deutet, erklärt Beckett auf Anfrage. *Fragen Sie mich nicht, was es bedeutet.*[367] Entsprechend endet *Was wo*, sein dramatischer Schwanengesang, mit den Sätzen: *Verstehe, wer kann./Ich mach' aus.*[368]

Auf seine Bekannten wirkt Beckett Mitte der achtziger Jahre gebrechlich, knochiger und hagerer als je zuvor; er leidet an Prostatabeschwerden, seine Probleme an Händen und Atemwegen nehmen kontinuierlich zu, und in der Einsamkeit seines Hauses in Ussy empfindet er *solche Lustlosigkeit und innere Leere wie nie zuvor. Ich erinnere mich an einen Eintrag in Kafkas Tagebüchern: «Gartenarbeit. Keine Hoffnung für die Zukunft.» Wenigstens konnte er im Garten arbeiten. Dafür muß es ja Worte geben. Ich kann nicht erwarten, sie je zu finden.*[369] 1984 hilft er in London ein letztes Mal bei einer Inszenierung von *Warten auf Godot* (*Ich hasse dieses Stück*[370]) und kehrt völlig erschöpft heim: *Mein alter Kopf nichts als Seufzer (der Erleichterung?) absterbender Zellen.*[371] Zusehends träumt er sich in die Räume seiner Kindheit zurück: *Die alten Wege waren mir nie näher. Mit geschlossenen Augen wandere ich diese Landstraßen.*[372]

Der Anstoß zu einem letzten Prosatext kommt wiederum von außen. Im April 1986 wird Barney Rosset als Verlagsleiter der Grove Press entlassen und bittet Beckett für seinen beruflichen Neustart um eine Arbeit. Beckett stellt in Aussicht, sein erstes Theaterstück *Eleutheria* für ihn zu übersetzen und ihm zur Veröffentlichung zu überlassen, doch als er sich das Manuskript vornimmt, sind die Widerstände zu groß. Er bittet Rosset als *schuldgeplagter Sam*[373] um Nachsicht und versucht, aus einem zwei Jahre zuvor notierten Satz (*Eines Nachts als er den Kopf auf den Händen am Tisch saß sah er sich aufstehen und gehen*[374]) einen Prosatext zu entwickeln, den er Rosset geben kann. Als *Immer noch nicht mehr* nach anderthalb Jahren tatsächlich fertig ist, besteht der dreiteilige Text aus nicht einmal zweitausend Wörtern und endet mit der Schlussformel: *Oh alles enden.*[375]

Inzwischen haben sich Becketts Lungenprobleme als Emphysem herausgestellt; ab 1987 benutzt er regelmäßig ein Sauerstoffgerät. Schon im Jahr zuvor ist er auf der Straße ein erstes Mal gestürzt, weil er Gleichgewichtsstörungen hat; hinzu kommen Kreislaufstörungen in den Beinen, die in Becketts Familie weit verbreitet sind (zweien seiner Onkel mussten im Alter die Beine amputiert werden). Auch Becketts Frau ist krank, zudem entwickelt sich ihr schnippischer Ton ihm gegenüber zusehends zu offener Feindseligkeit. Als Beckett Ende Juli 1988 in der Küche das Bewusstsein verliert und stürzt, verletzt er sich so stark, dass er ins Krankenhaus eingeliefert werden muss; dort schreibt er auf Französisch das Gedicht *Wie soll man sagen*. Seine Frau kann sich ihrer eigenen Gebrechen wegen nicht mehr um ihn kümmern, und so zieht der zudem unterernährte Beckett in ein sehr schlichtes Pflegeheim in der Nähe ihrer Wohnung. Seine Hilflosigkeit schmerzt ihn sehr, er versinkt in Depressionen, auch wenn er seine Verfassung Besuchern gegenüber (mit denen er immer noch einen Whiskey trinkt) mit Galgenhumor abtut. Seine Beine seien *so müde mich zu tragen, wie ich es bin, getragen zu werden*[376], schreibt er Rosset.

Im Pflegeheim beginnt Beckett wieder, Dante im italienischen Original zu lesen. Als letzte eigene Arbeit entsteht die englische Fassung von *Wie soll man sagen*, eines Textes, der die Suche nach dem Ausdruck als *Wahnsinn* beschreibt, der freilich doch notwendig ist, weil durch diese Arbeit am Ende *da drüben ganz schwach*[377] etwas sichtbar wird. Die englische Fassung, mit der Becketts schriftstellerisches Schaffen endet, mündet in die Frage nach dem Wort (*what is the word*) und enthält in *afaint afar away*[378] einen schwachen Anklang an die Schlussformulierung von «Finnegans Wake», jener

Joyce'schen Apotheose des Wortes, zu deren Entstehung Beckett ein halbes Jahrhundert zuvor Hilfestellung geleistet hat.

Seinen 83. Geburtstag im April 1989 empfindet Beckett als *entsetzlicher denn je*[379]. Schon zuvor hat er begonnen, seinen literarischen Nachlass zu sichten und an die Beckett-Stiftung an der Universität Reading zu schicken; jetzt empfängt er James Knowlson, den Gründer der Stiftung, zu Interviews für eine autorisierte Biographie. Ein Thema ist dabei tabu, nämlich Becketts Verhältnis zu seiner Mutter.

Am 17. Juli stirbt Suzanne Beckett neunundachtzigjährig. Beckett meint, er habe *so viel zu bereuen*[380], und verfällt in Depression. Er weiß sich tief in ihrer Schuld: *Suzanne verdanke ich alles. Sie ging mit meinen Romanen hausieren und versuchte alle drei Bücher gleichzeitig an den Mann zu bringen. [...] Sie war es, die zu den Verlegern ging, während ich in einem Café saß «Däumchen drehend», oder was man auch immer da dreht. [...] Ich hielt mich raus.*[381] Dass Beckett parallel zur Ehe drei Jahrzehnte lang noch mit einer anderen Frau liiert gewesen ist, hat ihm die ganze Zeit Schuldgefühle bereitet; jetzt, nach Suzannes Tod, verzichtet er darauf, Barbara Bray zu heiraten.

Kurz nach dem Tod seiner Frau lässt Beckett sich ein letztes Mal zu seinem Haus in Ussy fahren. Die Stadtwohnung, in der Suzanne und er knapp dreißig Jahre gelebt haben, meidet er auf seinen immer kürzer werdenden Spaziergängen. Am 6. Dezember findet eine Schwester ihn bewusstlos in seinem Zimmer, er wird ins Krankenhaus geschafft, es kommt zu Herzaussetzern und längeren Bewusstlosigkeiten. Noch im Delirium zitiert er Gedichte.[382] Am 11. Dezember fällt er ins Koma, am 22. Dezember 1989 schließlich, zwei Tage vor Heiligabend, stirbt Samuel Beckett, der stets Wert darauf legte, am Karfreitag geboren zu sein – zwei Tage vor Ostern.

Barbara Bray fünfzehn Jahre nach Becketts Tod, 2004. Foto von Olivier Roller

Beckett war immer der Meinung: *Nichts ist wichtig außer dem Schreiben. Um etwas anderes ist es nie gegangen.*[383] Sein Schreiben freilich war Ausfluss seines Lebens und vor allem seiner Person, auch wenn er stets versuchte, beides durch formale Gestaltung auf Distanz zueinander zu halten. Wenn er Morton Feldman zu verstehen gab, die Quintessenz seines Lebensthemas finde sich in den knapp zwanzig Zeilen von *weder noch* ausgedrückt, so führt auch diese Spur auf die Notwendigkeit von Distanzierungsverfahren, denn die Textstimme bewegt sich *wie zwischen zwei erleuchteten Herbergen, deren Türen beim Näherkommen/sich sachte schließen,*

Samuel Beckett, aufgenommen von Beppe Arvidsson, 1988

beim Abwenden/sachte wieder aufgehn[384]. Dies ist das Dilemma einer Existenz zwischen Fluchtimpuls und Konfrontationswillen; immer zieht es ihn an den Ort, an dem er nicht ist, doch sowie er ihn erreicht, weist dieser Ort ihn ab, und es zieht ihn in die Gegenrichtung. Beckett oszilliert zwischen Zuhause und Fremde, Selbst und Gegenüber, Schreiben und Schweigen, Müssen und Wollen, Prosa und Dramatik, Proust'scher Erinnerung und Schopenhauer'scher Abtötung, biographisch zudem zwischen zwei Frauen; er bleibt immer distanziert – der Abstand ist variabel, aber es ist immer ein Abstand zu allem nötig, damit nichts unerträglich wird. Beckett nutzt das Dunkel gemäß seiner Erleuchtung: *Aber wo wir sowohl hell wie dunkel haben, haben wir auch das Unerklärbare. Das Schlüsselwort in meinen Stücken heißt «vielleicht».*[385] Sein Werk ist deswegen ein Werk, das stets den Zweifel sucht, ein Werk, das sich jeder Eindeutigkeit entzieht.

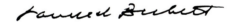

Anmerkungen

Die wichtigsten Quellen werden mit Siglen zitiert, die in der Bibliographie aufgelöst werden.

1 Eoin O'Brien: Foreword. In: Samuel Beckett: Dream of Fair to Middling Women. Dublin 1992, S. x
2 Knowlson, S. 51
3 O'Brien, S. 382
4 Samuel Beckett an Friedhelm Rathjen, 11. 4. 1983
5 Images, S. 63
6 Zu Tom F. Driver; Gespräche, S. 51 f.
7 Knowlson, S. 58
8 Birkenhauer, S. 18
9 Gordon, S. 7
10 Knowlson, S. 28
11 Brater, S. 12
12 Knowlson, S. 64
13 Cronin, S. 49
14 Knowlson, S. 76
15 Knowlson, S. 90
16 Knowlson, S. 95
17 Cronin, S. 21
18 Knowlson, S. 104
19 Knowlson, S. 113
20 Gordon, S. 29
21 Knowlson, S. 126
22 Gordon, S. 32
23 Knowlson, S. 132
24 Lake, S. 7
25 Gussow, S. 47
26 Knowlson, S. 137
27 Susan Schreibman: The Penman and his Bleaters. In: Friedhelm Rathjen (Hg.): In Principle, Beckett is Joyce. Edinburgh 1994, S. 1–19, S. 5
28 Vgl. Geert Lernout: James Joyce and Fritz Mauthner and Samuel Beckett. In: Ebd., S. 21–27, S. 26
29 Knowlson, S. 145
30 Knowlson, S. 140
31 Knowlson, S. 138 f.
32 Zu Brunos Coincidentia oppositorum als Verbindungsglied zwischen Joyce und Beckett vgl. Friedhelm Rathjen: In Principle, Beckett is Joyce (and Schmidt is Schmidt). In: Ders.: Dritte Wege. Kontexte für Arno Schmidt und James Joyce. Scheeßel 2005, S. 137–151
33 Auswahl, S. 12
34 Auswahl, S. 19
35 Auswahl, S. 20
36 Knowlson, S. 145
37 Short Prose, S. 3
38 Lake, S. 12
39 Hugh Ford: Published in Paris. A Literary Chronicle of Paris in the 1920s and 1930s. New York 1975, S. 277
40 Knowlson, S. 159
41 Knowlson, S. 160
42 Bair, S. 156
43 Proust, S. 29
44 Gordon, S. 128
45 Proust, S. 15
46 Knowlson, S. 189
47 Knowlson, S. 161
48 Cronin, S. 124
49 Knowlson, S. 162
50 Knowlson, S. 162
51 Knowlson, S. 164
52 Bair, S. 171
53 S. E. Gontarski, Martha Fehsenfeld, Dougald McMillan: Interview with Rachel Burrows, Dublin, Bloomsday, 1982. In: Journal of Beckett Studies 11–12 (1989), S. 5–15, S. 15, S. 10
54 Cronin, S. 147; Knowlson, S. 169
55 Knowlson, S. 169
56 Cronin, S. 137
57 Cronin, S. 156
58 Knowlson, S. 182
59 Knowlson, S. 218
60 Megan M. Quigley: Justice for the «Illstarred Punster»: Beckett and Peron's Revisions of «Anna Lyvia Pluraself». In: James Joyce Quarterly 41.3 (Frühjahr 2004)
61 Knowlson, S. 211
62 Cronin, S. 154; Knowlson, S. 178
63 Knowlson, S. 179
64 Knowlson, S. 189
65 Gordon, S. 83

66 Juliet, S. 18
67 Gussow, S. 35; Gespräche, S. 95
68 Gussow, S. 35; Gespräche, S. 96
69 Vgl. Dante Alighieri: Die Göttliche Komödie. Fegefeuer, Vierter Gesang, V. 98–135
70 Vgl. Daniela Caselli: Looking It Up in My Big Dante: A Note on «Sedendo et Quiesc[i]endo». In: Journal of Beckett Studies 6.2 (Frühjahr 1997), S. 85–93
71 Traum, S. 8
72 Traum, S. 144
73 Vgl. Carol Loeb Shloss: Lucia Joyce. To Dance in the Wake. New York 2003, S. 188–195
74 Bair, S. 200
75 Traum, S. 137
76 Traum, S. 183
77 Knowlson, S. 211
78 Traum, S. 258
79 Cronin, S. 177
80 Knowlson, S. 215
81 Knowlson, S. 216
82 Knowlson, S. 216
83 Bair, S. 211
84 Knowlson, S. 222
85 Cronin, S. 184f.
86 Brater, S. 32
87 Brater, S. 10
88 Prügel, S. 128
89 Prügel, S. 182
90 Prügel, S. 186
91 Prügel, S. 180
92 Prügel, S. 183
93 Zu Becketts Belacqua-Texten vgl. Rathjen, S. 43–50
94 Knowlson, S. 228
95 Cronin, S. 195
96 Knowlson, S. 228
97 Bair, S. 280
98 Knowlson, S. 232
99 Disjecta, S. 76; O'Brien, S. 309
100 Disjecta, S. 71; O'Brien, S. 307
101 Disjecta, S. 76; O'Brien, S. 309
102 Lake, S. 37
103 Short Prose, S. 24
104 Knowlson, S. 290
105 Knowlson, S. 244
106 Knowlson, S. 235
107 Knowlson, S. 238
108 Knowlson, S. 236f.
109 Knowlson, S. 262
110 Knowlson, S. 267
111 Knowlson, S. 273
112 Murphy, S. 10
113 Murphy, S. 88–90
114 Murphy, S. 142
115 Murphy, S. 193
116 Murphy, S. 196
117 Disjecta, S. 102; Knowlson, S. 281
118 Knowlson, S. 319f.
119 Zu «Murphy» vgl. Rathjen, S. 50–60
120 Juliet, S. 8; vgl. Carl Gustav Jung: Über die Grundlagen der analytischen Psychologie. Die Tavistock-Lectures. Frankfurt a. M. 1975, S. 103
121 Bair, S. 282
122 Knowlson, S. 291
123 Knowlson, S. 292
124 Bair, S. 306
125 Knowlson, S. 939
126 Knowlson, S. 298
127 Cronin, S. 241
128 Knowlson, S. 302
129 Knowlson, S. 941
130 Knowlson, S. 314
131 O'Brien, S. 345; Knowlson, S. 321
132 Knowlson, S. 302
133 Knowlson, S. 316
134 Knowlson, S. 328
135 Knowlson, S. 326
136 Das Gleiche, S. 80
137 Knowlson, S. 335
138 Knowlson, S. 336
139 Disjecta, S. 51
140 Disjecta, S. 52–54
141 Knowlson, S. 343
142 Knowlson, S. 351
143 Knowlson, S. 356
144 Murphy, S. 71
145 Catherine Fahy (Hg.): The James Joyce – Paul Léon Papers in the National Library of Ireland. A Catalogue. Dublin 1992, S. 76
146 Knowlson, S. 372
147 Knowlson, S. 361
148 Knowlson, S. 378

149 Knowlson, S. 377
150 Dylan Thomas: Murphy. In: Hartmut Engelhardt (Hg.): Samuel Beckett. Frankfurt a. M. 1984, S. 57–59, S. 57
151 Knowlson, S. 380
152 Short Prose, S. xxiv
153 Knowlson, S. 388
154 Gordon, S. 140
155 Knowlson, S. 422
156 Birkenhauer, S. 70
157 Gordon, S. 172
158 Watt, S. 91
159 Watt, S. 211
160 Watt, S. 132
161 Watt, S. 43
162 Zu «Watt» vgl. Rathjen, S. 60–67
163 Gordon, S. 144
164 Knowlson, S. 430
165 Bair, S. 409
166 Das Gleiche, S. 33
167 Knowlson, S. 436
168 O'Brien, S. 373
169 Knowlson, S. 447
170 Bair, S. 442
171 Lake, S. 49; Knowlson, S. 450
172 Traum, S. 67
173 Birkenhauer, S. 82
174 Disjecta, S. 54
175 M&C, S. 136
176 Zu «Mercier und Camier» vgl. Rathjen, S. 67–72
177 Erzählungen, S. 95
178 Erzählungen, S. 119
179 Erzählungen, S. 44
180 Erzählungen, S. 69
181 Erzählungen, S. 53
182 Proust, S. 29
183 Zu Becketts Nachkriegserzählungen vgl. Rathjen, S. 72–81
184 DrW I, S. 161
185 Brater, S. 94
186 Juliet, S. 20
187 Knowlson, S. 444f.
188 Knowlson, S. 444
189 Knowlson, S. 970
190 O'Brien, S. 384
191 Vgl. Bair, S. 444–446; Cronin, S. 358
192 Eleutheria, S. 29
193 Eleutheria, S. 125
194 Molloy, S. 7
195 Bair, S. 474
196 Bair, S. 476
197 Das Gleiche, S. 59
198 Knowlson, S. 463
199 Bair, S. 485
200 Das Gleiche, S. 46
201 Murphy, S. 193
202 Watt, S. 43
203 Molloy, S. 7
204 Molloy, S. 34
205 Molloy, S. 62
206 Molloy, S. 127
207 Molloy, S. 128
208 Molloy, S. 243
209 Zu «Molloy» vgl. Rathjen, S. 83–90
210 Malone, S. 7
211 Malone, S. 115
212 Malone, S. 83
213 Malone, S. 19f.
214 Malone, S. 147
215 Malone, S. 154
216 Zu «Malone stirbt» vgl. Rathjen, S. 90–95
217 NL, S. 7
218 NL, S. 173
219 NL, S. 159f.
220 NL, S. 109
221 NL, S. 44
222 NL, S. 47
223 NL, S. 67
224 Das Gleiche, S. 51
225 NL, S. 34
226 NL, S. 176
227 Zu «Der Namenlose» vgl. Rathjen, S. 95–101
228 Birkenhauer, S. 69
229 Zu Gabriel d'Aubarède; Gespräche, S. 63
230 Büttner, S. 337
231 Gordon, S. 1
232 Bair, S. 485
233 Gussow, S. 32; Gespräche, S. 92
234 Brater, S. 55
235 DrW I, S. 9
236 DrW I, S. 59, 99
237 DrW I, S. 72
238 Gussow, S. 33; Gespräche, S. 93
239 Gussow, S. 41

240 Knowlson, S. 520
241 Knowlson, S. 600
242 Zu «Warten auf Godot» vgl. Rathjen, S. 104–108
243 Knowlson, S. 980
244 Bair, S. 529
245 Knowlson, S. 483
246 Birkenhauer, S. 102
247 Giuseppina Restivo: The Genesis of Beckett's *Endgame* traced in a 1950 Holograph at Reading. In: Marius Buning, Sjef Houppermans (Hg.): Intertexts in Beckett's Work / Intertextes de l'œuvre de Beckett. Samuel Beckett Today / Aujourd'hui 3 (1984), S. 85–96
248 Knowlson, S. 501
249 Cronin, S. 472 f.
250 Knowlson, S. 495
251 Bair, S. 550
252 Cronin, S. 435
253 Images, S. 21
254 Knowlson, S. 506
255 Knowlson, S. 512
256 Brater, S. 107
257 Knowlson, S. 529 f.
258 No Author, S. 9
259 No Author, S. 11
260 No Author, S. 22
261 DrW I, S. 103
262 DrW I, S. 104, 151
263 Bair, S. 589
264 Bair, S. 604
265 Zu «Endspiel» vgl. Rathjen, S. 108–111
266 Lake, S. 66
267 Knowlson, S. 539
268 DrW II, S. 15
269 Knowlson, S. 994
270 Bair, S. 600
271 Knowlson, S. 555
272 Knowlson, S. 559 f.
273 Knowlson, S. 571
274 Knowlson, S. 566
275 Knowlson, S. 509
276 Knowlson, S. 576
277 Cronin, S. 475 f.
278 No Author, S. 52
279 Lake, S. 133
280 Lake, S. 119
281 Cronin, S. 489
282 Prosa, S. 197–200
283 Knowlson, S. 580
284 Wie, S. 101
285 Knowlson, S. 579
286 No Author, S. 53, 56
287 Knowlson, S. 584
288 Bernold, S. 27
289 Atik, S. 31
290 DrW I, S. 197
291 Brater, S. 96
292 Lake, S. 125
293 Cronin, S. 505
294 No Author, S. 80
295 Knowlson, S. 608
296 Bair, S. 677
297 SPV, S. 162
298 SPV, S. 167
299 Knowlson, S. 615
300 DrW II, S. 79
301 Knowlson, S. 618; Images, S. 16
302 Images, S. 128
303 Knowlson, S. 645
304 Knowlson, S. 788
305 Lake, S. 141
306 Gussow, S. 36
307 No Author, S. 152
308 DrW II, S. 105
309 No Author, S. 166
310 Knowlson, S. 668
311 Vgl. Sotheby's: Samuel Beckett. Highly Important Autograph Working Manuscript for Three Interrelated Minimalist Prose Pieces, with Substantial Portions That Remain Unpublished. In: English Literature, History, Children's Books, Illustrations and Photographs including highly important Books and Manuscripts by James Joyce. Auktionskatalog, London, 8. Juli 2004, S. 74–79 (Nr. 130)
312 Juliet, S. 11
313 Erzählungen, S. 201
314 Zu «Ausgeträumt träumen» und den Folgetexten vgl. Rathjen, S. 125–135
315 Knowlson, S. 668
316 Knowlson, S. 667
317 Knowlson, S. 671
318 No Author, S. 201

319 Knowlson, S. 862
320 Knowlson, S. 679
321 Rolf Tiedemann: «Gegen den Trug der Frage nach dem Sinn». Eine Dokumentation zu Adornos Beckett-Lektüre. In: Frankfurter Adorno Blätter III (1994), S. 18–77, S. 26
322 Juliet, S. 7
323 Bair, S. 646
324 Knowlson, S. 784
325 Knowlson, S. 715
326 Bair, S. 736
327 Anon.: Beckett – Körper abwesend. In: Der Spiegel 38 (15. 9. 1969), S. 200 f., S. 200
328 Cronin, S. 546
329 Bair, S. 737
330 Images, S. 28
331 Cronin, S. 542
332 Knowlson, S. 745
333 Juliet, S. 15
334 Knowlson, S. 736
335 Knowlson, S. 739
336 Bair, S. 778
337 Bair, S. 781; Brater, S. 110
338 Juliet, S. 18
339 Short Prose, S. xvi
340 Cronin, S. 552
341 Knowlson, S. 772
342 Knowlson, S. 752
343 Knowlson, S. 753 f.
344 Knowlson, S. 755
345 Knowlson, S. 789
346 Prosa, S. 272
347 Atik, S. 123
348 Knowlson, S. 814
349 No Author, S. 421
350 Bernold, S. 99
351 Zu Becketts später Trilogie vgl. Rathjen, S. 136–144
352 SPV, S. 179
353 SPV, S. 185
354 SPV, S. 200
355 SPV, S. 209
356 SPV, S. 219
357 Prosa, S. 333
358 Prosa, S. 351
359 Knowlson, S. 813
360 Knowlson, S. 829
361 Knowlson, S. 839
362 No Author, S. 403
363 No Author, S. 413
364 Knowlson, S. 663
365 Knowlson, S. 849
366 Gussow, S. 52
367 Gussow, S. 42
368 SPV, S. 150
369 Knowlson, S. 854
370 Walter D. Asmus: Lieber Sam. In: Theater heute 2 (1990), S. 2–6, S. 5
371 Knowlson, S. 871
372 O'Brien, S. 390
373 Cronin, S. 578
374 Prosa, S. 352
375 Prosa, S. 357
376 Knowlson, S. 877
377 Prosa, S. 7 f.
378 Samuel Beckett: what is the word. In: Ders.: Poems 1930–1989. London 2002, S. 115
379 Samuel Beckett an Friedhelm Rathjen, 14. 4. 1989
380 Knowlson, S. 831
381 Knowlson, S. 475
382 Atik, S. 164
383 Bair, S. 799
384 Prosa, S. 272
385 Zu Tom F. Driver; Gespräche, S. 51

Zeittafel

1906 13. April: Samuel Beckett wird im Dubliner Vorort Foxrock geboren.
1920–23 Schulzeit im Internat der Portora Royal School, Enniskillen, Nordirland.
1923 Aufnahme des Studiums der modernen Sprachen am Trinity College, Dublin.
1928 Kurzzeitig Lektor in Belfast, anschließend als Austauschlektor in Paris; Bekanntschaft mit Thomas McGreevy und James Joyce.
1930 Vorübergehender Bruch mit Joyce; Gewinn eines Preises mit dem Langgedicht *Whoroscope*; Antritt einer Assistentenstelle am Trinity College.
1932 Kündigung; Aufenthalt in Paris und Aussöhnung mit Joyce; nach Fertigstellung des zu Lebzeiten unveröffentlichten Romans *Traum von mehr bis minder schönen Frauen* Rückkehr nach Dublin.
1933 Tod des Vaters; Niederschrift von *Mehr Prügel als Flügel*; psychosomatische Erkrankungen.
1934/35 Beckett unterzieht sich in London einer Therapie und schreibt *Murphy*.
1936/37 Kunstreise durch Deutschland; Oktober 1937: Beckett lässt sich endgültig in Paris nieder.
1938 7. Januar: Beckett wird von einem Zuhälter niedergestochen; die Pianistin Suzanne Deschevaux-Dumesnil wird Becketts Lebensgefährtin.
1940 Paris von deutschen Truppen besetzt; Beckett flieht vorübergehend nach Südfrankreich.
1941 Beckett schließt sich in Paris der Résistance an.
1942 Enttarnung der Widerstandsgruppe; Beckett flieht nach Südfrankreich und lebt bis Kriegsende als Landarbeiter in Roussillon in der Vaucluse, wo er *Watt* schreibt.
1945 Befreiung Frankreichs; Beckett arbeitet für ein irisches Rotkreuz-Krankenhaus im zerstörten Saint-Lô.
1946 Rückkehr nach Paris; innerhalb von vier Jahren schreibt Beckett auf Französisch seine wichtigsten Werke, darunter die *Molloy*-Trilogie und *Warten auf Godot*.
1950 Tod der Mutter; von seinem Erbteil baut sich Beckett in Ussy-sur-Marne ein Haus als Rückzugsort.
1953 5. Januar: Uraufführung von *Warten auf Godot*.
1954 Becketts Bruder Frank stirbt; letzter längerer Aufenthalt in Irland.
1956 *Endspiel* fertig gestellt.
1959 Ehrendoktorwürde des Trinity College, Dublin; Arbeit am letzten Roman *Wie es ist*.
1961 Formelle Heirat mit Suzanne Deschevaux-Dumesnil; Fertigstellung des letzten abendfüllenden Theaterstücks *Glückliche Tage*.
1969 23. Oktober: Zuerkennung des Nobelpreises für Literatur; die Preissumme verwendet Beckett zur Unterstützung von Kollegen und Freunden.
1970/71 Zwei Augenoperationen stellen die stark beeinträchtigte Sehkraft wieder her.
1979–81 Fertigstellung der letzten längeren Prosatexte *Gesellschaft*, *Schlecht gesehen schlecht gesagt* und *Aufs Schlimmste zu*.
1989 17. Juli: Becketts Frau Suzanne stirbt neunundachtzigjährig; 22. Dezember: Samuel Beckett stirbt in Paris an den Folgen einer Lungenembolie.

Zeugnisse

James Joyce
Beckett hat sein Buch *Mehr Prügel als Flügel* herausgebracht. […] Hab keine Zeit, es zu lesen. Aber habe darin geblättert, bevor ich aus Paris abgefahren bin. Er hat Talent, glaube ich.
Brief an Helen Joyce, 1934

Arno Schmidt
Mit einer derart reduzierten Welt arbeiten, ist […] ebenso technisch «leicht» wie «billig». […] JOYCE ist die Fülle. BECKETT ne Krampfhenne.
Zettel's Traum, 1970

Friedrich Dürrenmatt
Indem wir nach den dramaturgischen Aspekten suchen, denen seine Werke gehorchen, wird uns klar, daß wir mit den Begriffen «Nachahmung» und «Wirklichkeit» nicht weiterkommen. Zwar hat Beckett viel mit Karl Valentin gemeinsam. Er macht Volkstheater für Intellektuelle und für solche, die glauben, Intellektuelle zu sein. Es ist erstaunlich, wie wenig er, verglichen etwa mit Lessing, vom Publikum ein Nachdenken verlangt, er ist bei weitem unmittelbarer und damit kulinarischer. Die dramatischen Kunstkniffe, die er anwendet, sind relativ einfach, etwa eine Pause, um eine Zeit zu überbrücken, das ist alles. Die Situation und die Dialoge zählen: doch welche Situation und welche Dialoge! Aber ist es noch die Wirklichkeit, die Beckett nachahmt? Stellt er nicht viel mehr mit Hilfe der Dramatik Symbole dar, die als Gleichnis der Wirklichkeit gelten können? Haben wir nicht die Begriffe «Nachahmung» und «Wirklichkeit» fallen zu lassen, um der Dramaturgie (nicht der Dramatik – die tut es von selbst) die Möglichkeit zu geben, das Theater zu begreifen? Wir sind in unserer Dramaturgie wieder an den Ausgangspunkt zurückgeworfen. Dazu werden wir noch öfters gezwungen sein: Die Dramaturgie besteht aus Rückziehern.
Sätze über das Theater, 1970

Uwe Johnson
Das Gespräch mit ihm zählt zum Schönsten, was es für mich überhaupt gibt. Beckett ist für mich als Mensch wie als Autor vorbildlich und vollkommen.
Notiz nach einem Treffen mit Beckett, 1971

William S. Burroughs
Beckett ist im buchstäblichen Sinn unmenschlich. Man hält vergebens nach menschlichen Motivationen Ausschau, nach Eifersucht, Hass oder Liebe. Sogar Furcht ist abwesend. Nichts bleibt an menschlichen Emotionen außer Überdruss und Erschöpfung, mit einem Anflug von Trauer darin. […] Vielleicht ist ihm das Schreiben einfach naturgegeben und ein Ausdruck seines Wesens, zu dem er irgendwie verpflichtet ist. Die Natur dieser Verpflichtung ist schwer auszumachen. Vielleicht meint er etwas ganz anderes als das, was üblicherweise mit dem Wort Verpflichtung gemeint ist. Sind wir verpflichtet, zu atmen? Er ähnelt so sehr, wie das nur möglich ist, einem Menschen, der sein Werk atmet.
Vorlesung über Beckett und Proust, 1983

Václav Havel
Mitten in der düsteren Periode der fünfziger Jahre, als ich sechzehn oder achtzehn Jahre alt war, in einem Land, wo man praktisch keinerlei kulturellen oder anderen Kontakt zur Außenwelt hatte, da widerfuhr mir das Glück, *Warten auf Godot* zu lesen. […] Vielleicht klingt das lächerlich, aber ich kann es nicht besser ausdrücken: Von Anfang an waren Sie für mich so etwas wie ein

Gott im Paradies des Geistes. Ihr Einfluß auf mich ist menschlich und in gewisser Weise auch künstlerisch immens gewesen. Nie werde ich dieses abenteuerliche und fruchtbare Suchen nach geistigen Werten in der Leere, die mich umgab, vergessen.
Brief an Samuel Beckett, 1983

Bernhard Minetti
Mich begriff Beckett nicht in meinen Schwierigkeiten. Er hatte wohl von meiner Darstellung des Krapp gehört, mich aber nie in der Rolle gesehen. Er konnte mir für meinen Pozzo nicht helfen. Ich wußte nicht, was er wollte, und er wurde mit mir nicht fertig. [...] Er war oft bei uns; [...] im Grunde blieb er reserviert, fremd und rätselhaft und verwirrte mich ganz durch eine Zwischenbemerkung, daß ihn nämlich Theater im Grunde gar nicht interessiere. [...] Mein Verhältnis zu Beckett: merkwürdig, zwiespältig, erst eine ganz große Liebe, nachher eine herbe Enttäuschung. Warum? Weil ich begreifen mußte, daß ihm Theater etwas ganz anderes war als mir, der ich mein ganzes Leben mit und in ihm entfalten muß?
Erinnerungen eines Schauspielers, 1985

Friederike Mayröcker
[...] ich habe auch selbst das Gefühl, daß mich Bücher anderer Autoren vom Titel her anziehen und reizen, wenn mich etwas am Titel eines Buches reizt, muß ich dieses Buch auch sofort haben – [...] auch alle Titel der Prosatexte von Beckett, wenn man Beckett liest, wenn man diese Prosatexte liest, überschwemmt einen das ja so, daß man sprachlos wird, daß es einen sprachlos macht, und man das Gefühl bekommt, man sollte, man kann überhaupt nichts mehr schreiben.
Interview mit Bodo Hell, «es ist so ein Feuerrad», 1985

Juan Goytisolo
[...] in der gemütlichen stillen Bar im Souterrain des Hotels Pont-Royal hatte ich ihn oft gesehen, mit distinguierter Schlichtheit gekleidet – Rollkragenpullover, englische Tweedjacke –, mit struppigem Haar und diesem unverwechselbaren Gesicht, das er auf den wenigen Fotos zeigt, die es von ihm gibt. Er hatte die Gewohnheit, sich am anderen Ende des Raums niederzulassen, weit weg von der Bar und der Treppe, in Begleitung einer etwas jüngeren Dame oder eines Übersetzers. Seine Schüchternheit, seine Zurückhaltung, seine augenscheinliche Furcht vor fremder Einmischung schufen um ihn herum so etwas wie einen unantastbaren, heiligen Bereich, ähnlich dem, den der weiße Stock eines Blinden auf der Straße schafft. Die Unmöglichkeit, in diesen Bereich einzudringen und wie ein Flegel die Grenzen der unverwundbaren Bescheidenheit zu übertreten, machte allein schon den Gedanken, sich ihm zu nähern, zu einem Sakrileg. Der Schriftsteller und seine Freundin unterhielten sich, abgesondert in ihrer durchsichtigen Blase. Obgleich ich sein Werk kannte und bewunderte, respektierte ich wie alle die Unversehrtheit seines Territoriums. Es war Samuel Beckett.
Die Häutung der Schlange, 1986

Eugène Ionesco
Er war der größte Dramatiker unserer Zeit.
Auskunft an «Theater heute», 1989

Harold Pinter
Er war ein Mann von gewaltiger Imaginationskraft. Er war in gewissem Sinne ein stiller Anführer. Er stand an vorderster Front der modernen Literatur. Er war absolut originär und ein Mann von größtem Mut, nicht nur als Person, sondern auch in seinem Werk. Sein Werk kannte

tatsächlich keine Grenzen. Er akzeptierte keinerlei Begrenzung.
Rundfunkinterview, 1989

Van Morrison
Wenn Sie Beckett lesen, sehen Sie, dass er in jedem Buch, das er geschrieben hat, dasselbe erzählt. Dieses unablässige Ringen und Mühen, immer und immer wieder, und dann plötzlich, mittendrin in alldem, an irgendeiner Stelle, erinnert er sich an Irland, an die Vergangenheit... Er erinnert sich, dort gesehen zu haben, wie die Sonne über den Feldern aufgeht, oder irgendetwas dergleichen Schönes. Und dann kehrt er zurück zu seiner Mühsal... Er sagt: «Man kann nicht weitermachen, aber ich mache weiter.» Da haben wir die Frage, die sich stellt. «Wieder scheitern», sagt er, «wieder schlimmer scheitern»...
Interview mit «Les Inrockuptibles», 1989

Elfriede Jelinek
Ich finde das so zum Kotzen, wenn gesagt wird, meine Literatur sei nicht welthaltig, da seien keine Inhalte, keine Figuren. Denn die Literatur ist doch, spätestens seit Joyce oder Beckett, viel weiter. Ich habe ja nichts dagegen, wenn einer Geschichten erzählt. Ich les ja selbst gerne Krimis. Aber daneben kann es doch anderes geben.
Interview mit André Müller, «Ich bin die Liebesmüllabfuhr», 2004

Bibliographie

Bibliographien, Periodika, Hilfsmittel

Andonian, Cathleen Culotta: Samuel Beckett. A Reference Guide. Boston 1989

The Beckett Circle. Newsletter of the Samuel Beckett Society. 1979 ff.

Breuer, Rolf, Werner Huber: A Checklist of Beckett Criticism in German. Paderborn 1996

Bryden, Mary, Julian Garforth, Peter Mills (Hg): Beckett at Reading. Catalogue of the Beckett Manuscript Collection at The University of Reading. Reading 1998

Cohn, Ruby (Hg.): Samuel Beckett. A Collection of Criticism. New York 1975

Davis, Robin J., Melvin J. Friedman, Jackson Bryer: Samuel Beckett. Calepin de bibliographie des œuvres de Samuel Beckett et critiques franco-anglaises et autres langues. Paris 1974

Davis, Robin J.: Samuel Beckett. Checklist and Index of his Published Works 1967–1976. Stirling 1979

Federman, Raymond, John Fletcher: Samuel Beckett. His Works and his Critics. An Essay in Bibliography, 1929–1966. Berkeley 1970

Graver, Lawrence, Raymond Federman (Hg.): Samuel Beckett. The Critical Heritage. London 1979

Journal of Beckett Studies. London 1976–89

Journal of Beckett Studies [New Series]. Tallahassee 1992 ff.

Knowlson, James, Dougald McMillan, S. E. Gontarski (Hg.): The Theatrical Notebooks. 4 Bde. London 1989–93

Lake, Carlton (Hg.): No Symbols Where None Intended. A Catalogue of Books, Manuscripts, and Other Material Relating to Samuel Beckett in the Collections of the Humanities Research Center. Austin 1984 *[Lake]*

Murphy, P. J., Werner Huber, Rolf Breuer, Konrad Schoell: Critique of Beckett Criticism. A Guide to Research in English, French, and German. Columbia, S. C., 1994

Samuel Beckett Today/Aujourd'hui. Amsterdam 1992 ff.

Werke und Briefe

Originalausgaben (ohne Selbstübersetzungen)

Whoroscope. Paris 1930, Hours Press
Proust. London 1931, Chatto & Windus
More Pricks than Kicks. London 1931, Chatto & Windus
Echo's Bones and Other Precipitates. Paris 1935, Europa Press
Murphy. London 1938, Routledge
Molloy. Paris 1951, Éditions de Minuit
Malone meurt. Paris 1951, Éditions de Minuit
En attendant Godot. Pièce en deux actes. Paris 1952, Éditions de Minuit
L'Innommable. Paris 1953, Éditions de Minuit
Watt. Paris 1953, Olympia Press
Nouvelles et textes pour rien. Paris 1955, Éditions de Minuit
Fin de partie suivi de Acte sans paroles. Paris 1957, Éditions de Minuit
All That Fall. A Play for Radio. London 1957, Faber
Krapp's Last Tape and Embers. London 1959, Faber
Comment c'est. Paris 1961, Éditions de Minuit
Happy Days. Play in Two Acts. New York 1961, Grove Press
Play and Two Short Pieces for Radio. London 1964, Faber
Come and Go. London 1966, Calder & Boyars

Têtes-mortes. Paris 1967, Éditions de Minuit

Film. Complete scenario, illustrations, production shots. New York 1969, Grove Press

Mercier et Camier. Paris 1970, Éditions de Minuit

Le Dépeupleur. Paris 1970, Éditions de Minuit

Premier Amour. Paris 1970, Éditions de Minuit

Ends and Odds. Eight New Dramatic Pieces. London 1974, Faber

Footfalls. London 1975, Faber

Pour finir encore et autres foirades. Paris 1976, Éditions de Minuit

Ghost Trio. London 1976, Faber

… but the clouds … London 1977, Faber

Poèmes, avec Mirlitonnades. Paris 1978, Éditions de Minuit

Company. London 1980, Calder

Mal vu mal dit. Paris 1981, Éditions de Minuit

Rockaby and Other Short Pieces. New York 1981, Grove Press

Worstward Ho. London 1983, Calder

Disjecta. Miscellaneous Writings and a Dramatic Fragment. Hg. von Ruby Cohn. London 1984, Calder [Disjecta]

Collected Shorter Plays. London 1984, Faber

Stirrings Still. London 1988, Calder

Dream of Fair to Middling Women. Hg. von Eoin O'Brien und Edith Fournier. Dublin 1992, Black Cat Press

The Complete Short Prose, 1929–1989. Hg. von S. E. Gontarski. New York 1995, Grove Press [Short Prose]

No Author Better Served. The Correspondence of Samuel Beckett and Alan Schneider. Hg. von Maurice Harmon. Cambridge (Mass.) 1998, Harvard University Press [No Author]

Poems 1930–1989. London 2002, Calder [Poems]

Alles kommt auf so viel an. Das Hamburg-Kapitel aus den «German diaries», 2. Oktober – 4. Dezember 1936 in der Originalfassung. Hg. von Erika Tophoven. Hamburg 2003, Raamin-Presse

Ausgewählte deutsche Ausgaben

Werke in Einzelbänden. Hg. von Elmar Tophoven und Klaus Birkenhauer. Frankfurt a. M. 1995, Suhrkamp
- 1: Theaterstücke. Dramatische Werke I. Übers. von Elmar und Erika Tophoven [DrW I]
- 2: Hörspiele Pantomime Film Fernsehspiel. Dramatische Werke II. Übers. von Elmar und Erika Tophoven [DrW II]
- 3: Murphy. Roman. Übers. von Elmar Tophoven
- 4: Watt. Roman. Übers. von Elmar Tophoven [Watt]
- 5: Mercier und Camier. Roman. Übers. von Elmar Tophoven [M&C]
- 6: Molloy. Roman. Übers. von Erich Franzen [Molloy]
- 7: Malone stirbt. Roman. Übers. von Elmar Tophoven [Malone]
- 8: Der Namenlose. Roman. Übers. von Elmar Tophoven [NL]
- 9: Wie es ist. Roman. Übers. von Elmar Tophoven [Wie]
- 10: Erzählungen. Übers. von Elmar Tophoven [Erzählungen]
- 11: Szenen Prosa Verse. Übers. von Karl Krolow, Elmar, Erika und Jonas Tophoven [SPV]

Gedichte. Übers. von Eva Hesse und Elmar Tophoven. München 1959, Limes

Stücke Kleine Prosa. Auswahl in einem Band. Übers. von Elmar und Erika Tophoven. Frankfurt a. M. 1967, Suhrkamp [Auswahl]

Mehr Prügel als Flügel. Revidierte Übersetzung von Christian Enzensberger et al. Frankfurt a. M. 1996, Suhrkamp [Prügel]

Traum von mehr bis minder schönen Frauen. Übers. von Wolfgang Held.

Frankfurt a. M. 1996, Suhrkamp [Traum]

Eleutheria. Übers. von Simon Werle. Frankfurt a. M. 1996, Suhrkamp [Eleutheria]

Dante und der Hummer. Gesammelte Prosa. Übers. von Christian Enzensberger, Wolfgang Hildesheimer, Elmar und Erika Tophoven. Frankfurt a. M. 2000, Suhrkamp [Prosa]

Das Gleiche nochmal anders. Texte zur Bildenden Kunst. Hg. von Michael Glasmeier und Gaby Hartel, übers. von Gaby Hartel, Dieter Mettler, Elmar und Erika Tophoven. Frankfurt a. M. 2000, Suhrkamp [Das Gleiche]

Proust. Essay. Übers. von Marlis und Paul Pörtner, revidiert von Katharina Raabe. Zürich 2001, Arche [Proust]

Murphy. Roman. Übers. von Elmar Tophoven. Reinbek [19]2003, Rowohlt [Murphy]

Lang nach Chamfort. Acht Maximen. Übers. von Wolfgang Held. Frankfurt a. M. 2003, Insel

Trötentöne. Übers. von Barbara Köhler. Frankfurt a. M. 2005, Suhrkamp

Sekundärliteratur

Zur Biographie

Atik, Anne: Wie es war. Erinnerungen an Samuel Beckett. Übers. von Wolfgang Held. Frankfurt a. M. 2003 [Atik]

Bair, Deirde: Samuel Beckett. Eine Biographie. Übers. von Werner Peterich. Hamburg 1991 [Bair]

Bernold, André: L'amitié de Beckett 1979–1989. Paris 1992 [Bernold]

Brater, Enoch: The Essential Samuel Beckett. An Illustrated Biography. London 2003 [Brater]

Büttner, Gottfried: Unterwegs im 20. Jahrhundert. Erinnerungen – Begegnungen – Anekdoten. Dornach 1997 [Büttner]

Cronin, Anthony: Samuel Beckett. The Last Modernist. New York 1997 [Cronin]

Gordon, Lois: The World of Samuel Beckett 1906–1946. New Haven 1996 [Gordon]

Goßens, Peter: «We do it to have fun together!» Samuel Beckett beim SDR in Stuttgart. Marbach 2000

Gussow, Mel: Conversations with (and about) Beckett. London 1996 [Gussow]

Images of Beckett. Photographs by John Haynes. Text by James Knowlson. Cambridge 2003 [Images]

Juliet, Charles: Begegnung mit Beckett. Übers. von Martin Raether. Tübingen 1988 [Juliet]

Juliet, Charles, Tom F. Driver, Gabriel d'Aubarede, Emile Michel Cioran, Mel Gussow, Ahmad Kamyabi Mask: This is not an Interview. Gespräche mit Samuel Beckett. Bochum 2001 [Gespräche]

Knowlson, John: Samuel Beckett. Eine Biographie. Übers. von Wolfgang Held. Frankfurt a. M. 2001 [Knowlson]

–, Elizabeth (Hg.): Beckett Erinnerung. Übers. von Christel Dormagen. Frankfurt a. M. 2006

O'Brien, Eoin: The Beckett Country. Samuel Beckett's Irland. Übers. von Wolfgang Held. Frankfurt a. M. 1997 [O'Brien]

Pittler, Andreas P.: Samuel Beckett. München 2006

Zum Werk

Abbott, H. Porter: Beckett Writing Beckett. The Author in the Autograph. Cornell 1996

Acheson, James: Samuel Beckett's Artistic Theory and Practice. Criticism, Drama and Early Fiction. London 1997

Ackerley, C. J., S. E. Gontarski: The Grove Companion to Samuel Beckett. A Reader's Guide to His

Works, Life, and Thought. New York 2004
Adelman, Gary: Naming Beckett's Unnamable. Lewisberg 2004
Astro, Alan: Understanding Samuel Beckett. Columbia, S. C., 1990
Baldwin, Hélène: Samuel Beckett's Real Silence. University Park 1981
Becker, Joachim: Nicht-Ich-Identität. Ästhetische Subjektivität in Samuel Becketts Arbeiten für Theater, Radio, Film und Fernsehen. Tübingen 1998
Begam, Richard: Samuel Beckett and the End of Modernity. Stanford 1996
Ben-Zvi, Linda (Hg.): Women in Beckett. Performance and Critical Perspectives. Baltimore 1990
Birkenhauer, Klaus: Samuel Beckett in Selbstzeugnissen und Bilddokumenten. Reinbek 1971 *[Birkenhauer]*
Boulter, Jonathan: Interpreting Narrative in the Novels of Samuel Beckett. Gainesville 2001
Brater, Enoch: Beyond Minimalism. Beckett's Late Style in the Theater. New York 1991
–: The Drama in the Text. Beckett's Late Fiction. New York 1994
Breuer, Horst: Die Kunst der Paradoxie. Sinnsuche und Scheitern bei Samuel Beckett. München 1976
Breuer, Rolf: Samuel Beckett. Eine Einführung. München 2005
Brockmeier, Peter: Samuel Beckett. Stuttgart 2001
–, Carola Veit (Hg.): Komik und Solipsismus im Werk Samuel Becketts. Stuttgart 1997
Bryden, Mary: Women in Samuel Beckett's Prose and Drama. Her Own Other. London 1993
– (Hg.): Samuel Beckett and Music. Oxford 1998
Burkman, Katherine H. (Hg.): Myth and Ritual in the Plays of Samuel Beckett. Rutherford 1987
Butler, Lance St. John, Robin J. Davis (Hg.): Rethinking Beckett. Gerrards Cross 1990

Carey, Phyllis, Ed Jewinski (Hg.): Re: Joyce 'n Beckett. New York 1992
Casanova, Pascale: Beckett l'abstracteur. Anatomie d'une révolution littéraire. Paris 1997
Cohn, Ruby: Back to Beckett. Princeton 1973
–: A Beckett Canon. Ann Arbor 2001
Connor, Steven: Samuel Beckett. Repetition, Theory and Text. Oxford 1988
Davies, Paul: The Ideal Real. Beckett's Fiction and Imagination. London 1994
Davis, Robin J., Lance St. John Butler (Hg.): Make Sense Who May. Gerrards Cross 1988
Dreysse, Ursula (Hg.): Materialien zu Samuel Becketts «Warten auf Godot». Frankfurt a. M. 1973
Duckworth, Colin: Angels of Darkness. Dramatic Effects in Samuel Beckett. London 1972
Endres, Ria: Am Anfang war die Stimme. Zu Samuel Becketts Werk. Frankfurt a. M. 1991
Engelhardt, Hartmut, Dieter Mettler (Hg.): Materialien zu Samuel Becketts Romanen «Molloy», «Malone stirbt», «Der Namenlose». Frankfurt a. M. 1976
– (Hg.): Materialien zu Samuel Becketts «Warten auf Godot». Bd. 2. Frankfurt a. M. 1979
Federman, Raymond: Journey to Chaos. Samuel Beckett's Early Fiction. Berkeley 1965
Fischer-Seidel, Therese, Marion Fries-Dieckmann: Der unbekannte Beckett: Samuel Beckett und die deutsche Kultur. Frankfurt a. M. 2005
Fletcher, John: Die Kunst des Samuel Beckett. Übers. von Karin Reese. Frankfurt a. M. 1969
–, John Spurling: Samuel Beckett. A Study of his Plays. New York 1972
Gontarski, S. E.: The Intent of Undoing in Samuel Beckett's Dramatic Texts. Bloomington 1985
– (Hg.): The Beckett Studies Reader. Gainesville 1993

Grossman, Evelyn: L'esthétique de Beckett. Paris 1998
Haerdter, Michael (Hg.): Materialien zu Becketts «Endspiel». Frankfurt a. M. 1968
Hartel, Gaby, Carola Veit: Samuel Beckett. Frankfurt a. M. 2006
Harvey, Lawrence: Samuel Beckett. Poet and Critic. Princeton 1970
Hildebrandt, Hans-Hagen: Becketts Proust-Bilder. Erinnerung und Identität. Stuttgart 1980
Hill, Leslie: Beckett's Fiction. In Different Words. Cambridge 1990
Hunkeler, Thomas: Echos de l'Ego dans l'œuvre de Samuel Beckett. Paris 1997
Janvier, Ludovic: Beckett par lui-même. Paris 1969
Kalb, Jonathan: Beckett in Performance. Cambridge 1989
Keller, John: Samuel Beckett and the Primacy of Love. Manchester 2003
Kenner, Hugh: Samuel Beckett. Eine kritische Studie. Übers. von Urs Jenny. München 1965
Knowlson, John, John Pilling: Frescoes of the Skull. The Later Prose and Drama of Samuel Beckett. London 1979
Laass, Henner, Wolfgang Schröder: Samuel Beckett. München 1984
Lane, Richard J. (Hg.): Beckett and Philosophy. New York 2002
Lichtwitz, Manuel (Hg.): Materialien zu Samuel Becketts «Der Verwaiser». Frankfurt a. M. 1980
Mayer, Hans, Uwe Johnson (Hg.): Das Werk von Samuel Beckett. Berliner Colloquium. Frankfurt a. M. 1975
Meier, Ulrich: Becketts Endspiel Avantgarde. Basel 1983
Mercier, Vivian: Beckett/Beckett. New York 1977
Merger, Andrea: Becketts Rhetorik des Sprachmißbrauchs. Heidelberg 1995
Murphy, P. J.: Reconstructing Beckett. Language for Being in Samuel Beckett's Fiction. Toronto 1990
O'Hara, J. D.: Samuel Beckett's Hidden Drives. Structural Uses of Depth Psychology. Gainesville 1997
Oppenheim, Lois: Directing Beckett. Ann Arbor 1994
– (Hg.): Samuel Beckett and the Arts. Music, Visual Arts, and Non-Print Media. New York 1999
Pattie, David: The Complete Critical Guide to Samuel Beckett. London 2000
Piette, Adam: Remembering and the Sound of Words. Mallarmé, Proust, Joyce, Beckett. New York 1996
Pilling, John (Hg.): The Cambridge Companion to Beckett. Cambridge 1994
–: Beckett before Godot. The Formative Years (1929–1946). Cambridge 1997
Pothast, Ulrich: Die eigentlich metaphysische Tätigkeit. Über Schopenhauers Ästhetik und ihre Anwendung durch Samuel Beckett. Frankfurt a. M. 1982
Rabaté, Jean-Michel (Hg.): Beckett avant Beckett. Essais sur le Jeune Beckett (1930–1945). Paris 1984
Rabinovitz, Rubin: Innovation in Samuel Beckett's Fiction. Baltimore 1992
Rathjen, Friedhelm: Reziproke Radien. Arno Schmidt und Samuel Beckett. München 1990
– (Hg.): In Principle, Beckett is Joyce. Edinburgh 1994
–: Beckett zur Einführung. Hamburg 1995 *[Rathjen]*
–: Samuel Beckett & seine Fahrräder. Ein treffliches leichtes Gerät mit Holzfelgen und roten Reifen. Darmstadt 1996
–: weder noch. Aufsätze zu Samuel Beckett. Scheeßel 2005
Ricks, Christopher: Beckett's Dying Words. Oxford 1993
Ross, Ciaran: Aux frontières du vide. Beckett: une écriture sans mémoire ni désir. Amsterdam 2004

Sardin-Damestoy, Pascale: Samuel Beckett autotraducteur ou l'art de l'empêchement. Arras 2002

Schulze, Dieter: Fluchtpunkte der Negativität. Spiegelungen der Dramatik Samuel Becketts in der marxistischen Literaturkritik. Frankfurt a. M. 1982

Schwab, Gabriele: Samuel Becketts Endspiel mit der Subjektivität. Entwurf einer Psychoästhetik des modernen Theaters. Stuttgart 1981

Smith, Frederik N.: Beckett's Eighteenth Century. New York 2002

Smuda, Manfred: Becketts Prosa als Metasprache. München 1970

Sturm, Oliver: Der letzte Satz der letzten Seite ein letztes Mal. Der alte Beckett. Hamburg 1994

Tönnies, Merle: Samuel Beckett's Dramatic Strategy. Audience, Laughter and the Postmodernist Debate. Trier 1997

Uhlmann, Anthony: Beckett and Poststructuralism. Cambridge 1999

Veit, Carola: Ich-Konzept und Körper in Becketts dualen Konstruktionen. Berlin 2002

Worth, Katherine (Hg.): Beckett the Shape Changer. A Symposium. London 1975

Wulf, Catharina: The Imperative of Narration. Beckett, Bernhard, Schopenhauer, Lacan. Brighton 1997

Zurbrugg, Nicholas: Beckett and Proust. Gerrards Cross 1988

Verfilmungen

Film. USA 1965. Regie: Alan Schneider. Darsteller: Buster Keaton

Film. Großbritannien 1979. Regie: David Clark. Darsteller: Max Wall

Beckett on Film. 19 Stücke auf vier DVDs. Irland 2002. Regie: Atom Egoyan, Neil Jordan, Karel Reisz u. a. Darsteller: John Gielgud, Barry McGovern, Julianne Moore, Jim Norton, Harold Pinter, Milo O'Shea u. a.

Samuel Beckett im Internet (Auswahl)

The Samuel Beckett Endpage: http://www.ua.ac.be/main.aspx?c=*SBECKETT

Beckett International Foundation: http://www.beckettfoundation.org.uk/

The Samuel Beckett On-Line Resources and Links Pages: http://www.samuel-beckett.net/

Apmonia. A Site for Samuel Beckett: http://www.themodernword.com/beckett/

La Maison Samuel Beckett: http://www.luberon-news.com/samuel-beckett/

Namenregister

Die kursiv gesetzten Zahlen bezeichnen die Abbildungen.

Adler, Alfred 45
Adorno, Theodor Wiesengrund 117
Aldington, Richard 28
Arikha, Avigdor 114, *115*
Aristoteles 37
Arnheim, Rudolf 54
Arnim, Achim von 46
Arrabal, Fernando 131
Aude, Albert 68
Austen, Jane 53
Averech, Mira 117

Ballmer, Karl 56
Balzac, Honoré de 20
Barnes, Djuna 119
Beach, Sylvia 23
Beamish, Anna O'Meara 67
Beckett, Caroline (Nichte) 96
Beckett, Edward (Neffe) 96, 108
Beckett, Frances (Tante) s. u. Sinclair, Frances
Beckett, Frank Edward (Bruder) 8, 10, 13, 16, 34f., 41, 47, 59, 72, 94, 96, *96*
Beckett, Jean (Schwägerin) 96
Beckett, John (Cousin) 108f.
Beckett, Maria Jones («May»; Mutter) 8f., 11ff., 16, 18f., 21, 30f., 34ff., 39ff., 43f., 48, 52–55, 58, 60f., 63ff., 72f., 79, 82, 90, 94, 102, 134, *11*, *84*
Beckett, Suzanne (Ehefrau) 22, 63ff., 67, 71, 75, 80, 91f., 100, 102, 104–107, 109ff., 117–120, 133f., 136, *96*
Beckett, William Frank («Bill»; Vater) 8–13, 16, 18–21, 30f., 34ff., 40f., 43, *10*
Bion, Wilfred Ruprecht 45f., 48, 53, 55, 79, *47*
Birkenhauer, Klaus 89, 98
Blin, Roger 92, 100, *93*
Bollmann, Horst 4, *116*
Bonhomme, Aimé 71
Bonnelly 68
Bowles, Patrick 95
Brando, Marlon 97

Bray, Barbara 103, 107, 109, 117, 120, 134, 136, *135*
Bray, Bridget («Bibby») 10
Brentano, Clemens 46
Bruno, Giordano 24f.
Burroughs, William S. 145
Büttner, Gottfried 123

Calder, John 113
Caravaggio (eigtl. Michelangelo Merisi) 121
Cervantes, Miguel de 53
Chaplin, Charlie 18, 111
Clarke, Austin 46, 61
Cluchey, Rick 120
Coffey, Brian 45f.
Corneille, Pierre 31
Crowder, Henry 28
Cunard, Nancy 27f., 104, *28*

D'Annunzio, Gabriele 20
Dante Alighieri 18, 20, 24, 36, 133
Darley, Arthur 74, *72/73*
Descartes, René 27, 51
Deschevaux-Dumesnil, Suzanne s. u. Beckett, Suzanne
Devlin, Denis 45f.
Dickens, Charles 13
Doumer, Paul 39
Dowden, Hester 45
Doyle, Sir Arthur Conan 14
Driver, Tom F. 70
Duchamp, Marcel 60, 65
Dürrenmatt, Friedrich 145
Duthuit, Georges 81

Eich, Günter 124
Eisenstein, Sergej 54
Elsner, Ida 12
Elsner, Pauline 12
Esposito, Bianca 18

Feldman, Morton 126, 135
Fielding, Henry 53
Fischart, Johann 53
Franco Bahamonde, Francisco 131
Freud, Sigmund 45
Friedrich, Caspar David 56f., 91

Geulincx, Arnold 51f.
Giacometti, Alberto 60, *115*

Gide, André 16, 20, 30
Goethe, Johann Wolfgang von 54
Gogarty, Oliver St. John 58, 60
Goytisolo, Juan 146
Grimm, Willem 56
Grohmann, Will 56
Guggenheim, Peggy 61 ff., 65, *62*

Hardy, Oliver 91
Havel, Václav 130, 145
Hayden, Henri 67 f., 94
Hayden, Josette 68
Held, Martin 118
Hitler, Adolf 55, 66

Ionesco, Eugène 146

Jakob I., König von England 14
Jelinek, Elfriede 147
Jesus Christus 8, 128
Johnson, Brian Stanley 119
Johnson, Samuel 59 f.
Johnson, Uwe 145
Jolas, Eugène 23, 61
Jolas, Maria 61
Joyce, Giorgio 26
Joyce, James 23–27, 32 ff., 36, 38 f., 54, 58, 61 ff., 65, 79, 119, 129, 134, 145, *27*
Joyce, Lucia 26, 32, 34, 36 ff., 48, 61, *27*
Joyce, Nora 23, 26 f., 34, 36, 65, *27*
Jung, Carl Gustav 45, 53

Kafka, Franz 90, 132
Kaun, Axel 58, 76
Keaton, Buster 18, 97, 111, *112*
Knowlson, James 134

Larbaud, Valéry 65
Latour, Pierre *93*
Laurel, Stan 91
Leacock, Stephen 14
Lenneweit, H. W. 4
Léon, Paul Léopold 61, 66
Leopardi, Giacomo 29 f.
Le Peton, Alfred E. 12
Lesage, Alain-René 53
Leventhal, Abraham Jacob («Con») 35, 126
Lindon, Jérôme 92 f., 95, 118 f., 131

MacCarthy, Ethna 17, 35, 37, 100, 102, *17*
MacGowran, Jack 114
Machiavelli, Niccolò 20
Magee, Patrick 102, 114, 124
Manning, Mary 54
Marcuse, Herbert 117
Martin, Jean *93*
Matisse, Henri 81
Mayröcker, Friederike 146
McGreevy (später: MacGreevy), Thomas 20, 22 f., 27, 29–32, 40, 45 f., 48 f., 52, 55, 57, 63 f., 74, 80, 82, 95, 115, *49*
Medcalf, William 8
Mendel, Deryk 4
Mihalovici, Marcel 109
Minetti, Bernhard 130, 146
Monnier, Adrienne 23
Morrison, Van 147

Nikolaus von Kues (Nikolaus Cusanus) 24 f.

O'Casey, Sean 18
O'Sullivan, Seumas 54

Pelorson, Georges 22, 31 f., 60, 65
Péron, Alfred 20, 22, 27, 29, 32 f., 60, 64–67, 73, *66*
Péron, Mania *66*
Pétain, Henri Philippe 65
Pinget, Robert 105
Pinter, Harold 146
Prentice, Charles 28 f., 34, 39, 41
Proust, Marcel 16, 20, 25, 29 f., 78, 137
Pudowkin, Wsewolod 54
Putnam, Samuel 34, 38

Rabelais, François 53
Racine, Jean 16, 20
Raimbourg, Lucien *93*
Reavey, George 46 f., 54, 56, 60, 126
Reynolds, Mary 65
Rimbaud, Arthur 39
Ringelnatz, Joachim 58
Roe, Maria Jones s. u. Beckett, Maria Jones
Roe, Samuel (Großvater) 9
Rosset, Barney 111, 132 f.

Rudmose-Brown, Thomas Brown 16 ff., 20, 30 f., 35, 38
Rupé, Hans 57

Sartre, Jean-Paul 76
Schmidt, Arno 145
Schneider, Alan 97 f.
Schopenhauer, Arthur 29 f., 59, 78, 137
Schröder, Ernst *116*
Schwartz, Jack 119 f.
Seaver, Richard 95
Sinclair, Frances («Cissie»; Tante) 8 f., 21, 26, 40
Sinclair, Harry 58, 60
Sinclair, Ruth Margaret («Peggy»; Cousine) 21, 26, 34, 37, 40, 58, 102, *37*
Sinclair, William («Boss») 9, 26, 40, 58, 60
Smollett, Tobias 53
Stendhal (eigtl. Marie Henri Beyle) 20, 53
Swift, Jonathan 53

Synge, John Millington 18, 91 f.

Thomas, Dylan 64
Thomas, Edward 63
Thompson, Alan 73
Thompson, Geoffrey 14, 18, 44 f., 50, 126
Trakl, Georg 58

Valentin, Karl 57
Velde, Bram van 71, 81, 124, *81*
Velde, Geer van 60, 62 f., 71, 126
Velde, Lisl van 60
Verlaine, Paul 16
Verne, Jules 107
Vico, Giambattista 24

Wallace, Edgar 13
Warrilow, David 129
Whitelaw, Billie 123 f., *122*, *123*
Wigger, Stefan 4

Yeats, Jack Butler 32, 61 f., 82, 100, *82*
Yeats, William Butler 46, 117

ÜBER DEN AUTOR

Friedhelm Rathjen, Jahrgang 1958, lebt als freier Übersetzer und Literaturkritiker in Scheeßel (Niedersachsen). Zu seinen knapp 800 Veröffentlichungen zählen mehrere Bücher und viele Aufsätze über Joyce, Beckett, Arno Schmidt und andere Autoren; außerdem schrieb er Funkfeatures, Hörspiele, Lyrik, Prosa und Reisefeuilletons. Übersetzt hat er sowohl Klassiker der englischen und amerikanischen Literatur (Herman Melville, Robert Louis Stevenson, Mark Twain, Joyce, Gertrude Stein, Charles Olson, Edward Thomas, Richard Jefferies sowie die Tagebücher von Meriwether Lewis und William Clark) als auch verschiedene Gegenwartsautoren (Christopher Buckley, Tom Murphy, Jonathan Ames und andere). Zuletzt erschien von Friedhelm Rathjen unter anderem die Rowohlt-Monographie «James Joyce» sowie der Band «weder noch» mit seinen gesammelten Aufsätzen über Beckett.

Quellennachweis der Abbildungen

Picture-Alliance, Frankfurt a. M.: Umschlagvorderseite (obs), 3 (dpa), Umschlagrückseite unten (dpa)

The Estate of Samuel Beckett: 6 (Foto: Harry Ransom Humanities Research Center, The University of Texas at Austin, TX), 10, 11, 19, 33, 59 (Foto: Beckett International Foundation, Reading University Library), 96, 118 (Foto: Beckett International Foundation), Umschlagrückseite oben

Klaus Birkenhauer: 9

Aus: Eoin O'Brien: The Beckett Country. Samuel Beckett's Ireland. Dublin 1986: 14/15 (courtesy The Headmaster, Portora), 42 (courtesy David H. Davison/Davison & Associates, Dublin), 72/73 (J. Gaffney), 82 (Anne Yeats)

Aus: James Knowlson: Damned to Fame. The Life of Samuel Beckett. London 1996: 17 (Anne Wolfson Leventhal), 49 (courtesy Margaret Farrington und Nicholas Ryan, Dublin), 66 (Alexis Péron), 81 (Pierre Alechinsky), 84 (Foto: Dartmouth College Library, Hanover, NH)

Foto: The Beinecke Rare Book and Manuscript Library, Yale University, New Haven, CT: 27

By courtesy of Cecil Beaton studio Archive, Sotheby's, London: 28

Aus: Enoch Brater: The essential Samuel Beckett. An illustrated Biography. London 2003: 37 (courtesy Morris Sinclair and Gottfried Büttner), 47 (courtesy Francesca Bion, Oxford), 112 (Frank Serjack)

Aus: Deirdre Bair: Samuel Beckett. A Biography. London 1980: 51 (George Reavey)

akg-images, Berlin: 57 (Dresden, Gemäldegalerie, Neue Meister)

© Commerce Graphics Ltd., New York: 62

Foto: Beckett International Foundation, Reading University Library: 68 (© VG Bild-Kunst, Bonn 2005)

Friedhelm Rathjen, Scheeßel: 77, 101

Roger-Viollet, Paris: 87 (© LAPI/Roger-Viollet), 93 (© Lipnitzki/Roger-Viollet)

Aus: Gottfried Büttner: Unterwegs im 20. Jahrhundert. Erinnerungen – Begegnungen – Anekdoten. Dornach 1997: 95

Irish Times: 105

Aus: Anne Atik: How it was – A Memoir of Samuel Beckett. London 2001: 115 (© Georges Pierre)

Prof. Dr. Bettina Clausen, Hamburg: 116 (Foto: Universität Hamburg, Theatersammlung)

John Haynes, Reading: 121, 122/123 (6)

Hugo Jehle, Stuttgart: 125, 130

Olivier Roller, Paris: 135

Beppe Arvidsson/Bildhuset, Stockholm: 136

Trotz sorgfältiger Recherchen konnten nicht alle Rechteinhaber ermittelt werden. Der Verlag ist bereit, berechtigte Ansprüche in üblicher Weise abzugelten.

Ölgemälde: Joseph Karl Stieler

rowohlts monographien

Dichter und Literaten

rowohlts monographien,
herausgegeben von Wolfgang
Müller und Uwe Naumann

Ingeborg Bachmann
Hans Höller
3-499-50545-2

Daniel Defoe
Wolfgang Riehle
3-499-50596-7

Friedrich Dürrenmatt
Heinrich Goertz
3-499-50380-8

Die Familie Mann
Hans Wißkirchen
3-499-50630-0

Johann Wolfgang von Goethe
Peter Boerner
3-499-50577-0

Günter Grass
Heinrich Vormweg
3-499-50559-2

Franz Kafka
Klaus Wagenbach
3-499-50649-1

Gotthold Ephraim Lessing
Wolfgang Drews
3-499-50075-2

William Shakespeare
Alan Posener
3-499-50641-6

Georg Büchner
Jan-Christoph Hauschild

3-499-50670-X